万宝路
美国销量第一 世界销量第一
Marlboro

After we paint the car we paint the paint.

The man in the Hathaway shirt

GUINNESS
DRAUGHT
goodness on tap

Marlboro
Come to where
the flavour is
Marlboro Country
LOW TO MIDDLE TAR DANGER: H.M. Govt. Health Depts'
WARNING: CIGARETTES CAN SERIOUSLY DAMAGE YOUR HEALTH

JAMAICA

Pablo Casals is coming home
–to Puerto Rico
PUERTO RICO'S GREAT NEW MUSIC FESTIVAL IN SAN JUAN

David Ogilvy

［美］大卫·奥格威 著
高志宏 译

# 奥格威谈广告

Ogilvy
on
Advertising

中信出版集团 | 北京

# 目 录

01 / 序曲："咱们出兵去打腓力" 　1

02 / 如何做出有销售力的广告 　9

03 / 广告业的工种和谋职建议 　41

04 / 如何经营广告公司 　65

05 / 如何赢得客户 　89

06 / 公开信：致正在寻找广告代理公司的客户 　105

07 / 期待：印刷广告的复兴 　115

08 / 如何做有销售力的电视广告 　163

09 / 为企业做广告 　189

10 / 如何为国际旅游做广告 　209

11 / B to B 广告的成功秘诀 　225

| 12 / | 直邮广告：我的"初恋"和秘密武器 | **237** |
|---|---|---|
| 13 / | 公益广告和慈善募捐 | **251** |
| 14 / | 与宝洁竞争 | **261** |
| 15 / | 市场调查的 18 个奇迹 | **269** |
| 16 / | 我对营销的点滴了解 | **285** |
| 17 / | 美国还是顶尖的广告强国吗？ | **299** |
| 18 / | 拉斯克尔、里索、罗必凯、贝纳、霍普金斯和伯恩巴克 | **315** |
| 19 / | 广告业怎么了？ | **345** |
| 20 / | 我预言 13 个变化 | **363** |

参考书目 **367**

# 01.

## 序曲："咱们出兵去打腓力"

# Ogilvy

我不认为广告是娱乐或艺术，我认为广告是传播信息的媒介。我不希望你告诉我，你觉得我写的某个广告"有创意"，我希望你发现它很有吸引力，然后去买它推销的东西。听了埃斯基涅斯[1]的演讲，人们会说："他说得太好了！"但听了德摩斯梯尼[2]的演讲，人们说："咱们出兵去打腓力[3]！"

在1963年出版的《一个广告人的自白》[4]中，我讲述了奥美公司的发展历程，并阐述了我们早期赖以成功的准则。当时的奥美，还只是纽约一家创意小公司，但现在，我们已经成为全球四大广告公司之一，在40个国家拥有140个分公司。我们的准则看起来奏效了。

现在我老了，法国一家杂志甚至称我为对工业革命贡献最大的人中唯一的在世者，这个名单上的其他人是亚当·斯密、爱迪生、卡尔·马克思、洛克菲勒、福特和凯恩斯。难道年老了就不能再谈论当今世界吗？或许年岁让我更有洞察力，能从以往的广告风尚中识别出永恒的广

---

[1] 埃斯基涅斯（Aeschines），古代雅典杰出的政治家、演说家。——译者注
[2] 德摩斯梯尼（Demosthenes），古代雅典雄辩家、民主派政治家。——译者注
[3] 腓力（Philip），马其顿国王腓力二世，在位时期积极扩张。——译者注
[4] 该书中文版由中信出版集团翻译出版。——编者注

奥格威谈广告

告准则呢?

1949年在麦迪逊大道创办公司时,我曾认为,在我退休之前,广告业会发生数次重大变革。不过迄今为止,只有一次变革堪称重大,那就是,电视已经成为销售大多数产品最强有力的媒介。

当然,这期间也发生了其他一些变化,我在这本书中也会谈到,不过它们的重要性都被刻意寻找时髦标签的权威人士夸大了。比如,品牌形象的理念。它在1953年因为我的推广而广为人知,但它并不是新东西,克劳德·霍普金斯在那之前20年就说过了。再比如,所谓的创意革命,通常被归功于比尔·伯恩巴克和我本人在50年代的引领,但同时也应归功于N. W. 艾尔和扬罗必凯两家公司在30年代的努力。

与此同时,我写《一个广告人的自白》时使用的广告技巧,今天依然奏效。消费者仍旧购买在广告中向他们承诺物有所值、带来美好、提供营养、摆脱烦恼、彰显身份的产品。全球各地,莫不如是。

我这么说,是冒着被一群蠢货抨击的风险。他们坚称,任何用过两年以上的广告技巧,都显而易见地过时了。他们痛斥在广告中使用生活片段、示范和代言人,对这些技巧仍然能让收银机叮咚作响的事实视而不见。他们如果读过贺拉斯[①]的诗歌,一定会说我顽固不化、牢骚满腹,总是感慨今不如昔,对年轻人吹毛求疵。那又如何?广告业永远都

> "我这么说,是冒着被一群蠢货抨击的风险。他们坚称,任何用过两年以上的广告技巧,都显而易见地过时了。"

---

① 贺拉斯,古罗马诗人、批评家,代表作《诗艺》。——译者注

有一群非主流又聒噪的疯子，他们的拿手好戏是使用种族幽默和怪异的美术设计、鄙视市场调查以及自命不凡。他们并不对广告的销售效果负责，但这一点很少被发现，因为他们对那种会被花言巧语迷惑的客户特别有吸引力。他们的广告计划会在纽约、旧金山、伦敦的鸡尾酒会上颇受青睐，但在芝加哥则不太会被当回事儿。专攻在《纽约客》上刊登时髦广告的那段日子，我也曾经是这个小圈子里的英雄，但当我逐渐转向大众媒体广告，并写了一本书赞美市场调查的价值，我就成了这个圈子的魔鬼。聊以自慰的是，我卖出去的东西，比他们所有人加起来都多。

**"我恨教条。"** 我有时会被抨击推行"教条"。绝无此事。我恨教条。我所做的一切，都植根于消费者如何对不同刺激做出反应。我可能告诉一位文案撰稿人："调查显示，使用名人的电视广告说服人们购买的效果低于平均水平，你确定要用吗？"这叫教条？我可能对一个艺术指导说："调查表明，文案印成白底黑字，读的人会更多，印成黑底白字，读的人会更少。"这或许是个暗示，但绝非教条。

在18世纪的英格兰，一家产科诊所的母婴死亡率大大低于同行。这家诊所有个独门秘技，但一直严格保密，直到一个好奇的医学院学生爬上他们产房的屋顶，透过天窗看到了他们发明的钳子。产钳的秘密由此泄漏，所有产科医生和他们的病人从中受惠。今天的产科医生不再对自己的发现秘而不宣，而是公之于众。感谢我的同事们允许我也这么做。不过我得额外声明，本书中一些偶然闪现出来的想法，并不必然反映我所在公司的集体共识。

这本书我不是为自认对广告已经洞若观火的人写的，而是想把它写给雄心勃勃的年轻人以及仍然希望提升销售力的广告老兵。

书中仅谈及我就个人经验有所了解的广告话题，所以不包含媒体、有线电视、日本广告等方面的内容。

如果你觉得我写得很糟糕，那你真该看看书稿在我的同事乔尔·拉斐尔森尽力润色前的样子。愿上帝保佑你，乔尔。

大卫·奥格威

# 02.

## 如何做出有销售力的广告

# Ogilvy

这一章，咱们假设你从今天上午起在我的公司工作，并来我的办公室讨教。我会从广告工作的一些通则说起。后面的几章，我会就如何做杂志广告、报纸广告、电视广告、广播广告给出更多具体建议。请原谅我对一些复杂话题的过度简化以及我的武断风格——教条主义式的简洁，因为你我都很忙。

我想说的第一件事，你可能没有意识到，是一个广告和另一个广告之间会有多么巨大的差异。广告撰稿人的老前辈约翰·卡普尔斯（John Caples）说：

> 我曾经见过，一个广告达成的实际销售，和另一个相比，不是两倍，也不是三倍，而是十九倍半之多。两个广告的版面一样大，刊登于同一份出版物上，都有照片插图，都有精心撰写的文案，唯一区别是，一个用了正确的诉求，另一个用了错误的诉求。[1]

---

[1] *Tested Advertising Methods,* by John Caples, Prentice-Hall, 1975.

错误的广告真的会降低产品的销量。福特公司前市场调查负责人乔治·海·布朗做过一个测试，他在《读者文摘》杂志中每隔一期插入一次广告，结果到了年底，没有曝露于那份广告的读者，比曾经曝露于那份广告的读者买了更多的福特汽车。

另一项调查表明，记住某品牌啤酒广告的人消费的啤酒，还没有不记得广告的人多。啤酒厂商花费数百万美元，做了不卖东西的广告。

我有时怀疑，客户、媒体、广告公司会不会心照不宣地合谋，不让自己的广告经历此类严苛的测试，因为维护"所有广告都能在一定程度上提升销售"的神话，相关各方都是既得利益者。但是，广告并非如此。

## 做你该做的功课

不从做好该做的功课开始，你就没有一丁点儿机会做出成功的广告。我知道这么说极其令人生厌，但做功课无可替代。

首先，你要研究广告所服务的产品。对产品的了解越多，你就越可能提出一个有销售力的大创意。得到劳斯莱斯的广告业务时，我花了3个星期阅读关于这辆车的资料，偶然发现了"时速60英里[①]时，最大的噪声来自电动机械钟"这句表述，后来它成了广告的标题，后面跟着包含607个单词、全部陈述事实的文案。

后来，接到梅赛德斯的广告业务时，我派了一个小组去斯图加特的奔驰总部戴姆勒。小组成员花了三个星期对工程师们做录音访谈，将梅赛德斯在美国的销量从一年1万辆提升到4万辆的事实型长文案广告由此产生。

---

[①] 1英里≈1609米。——编者注

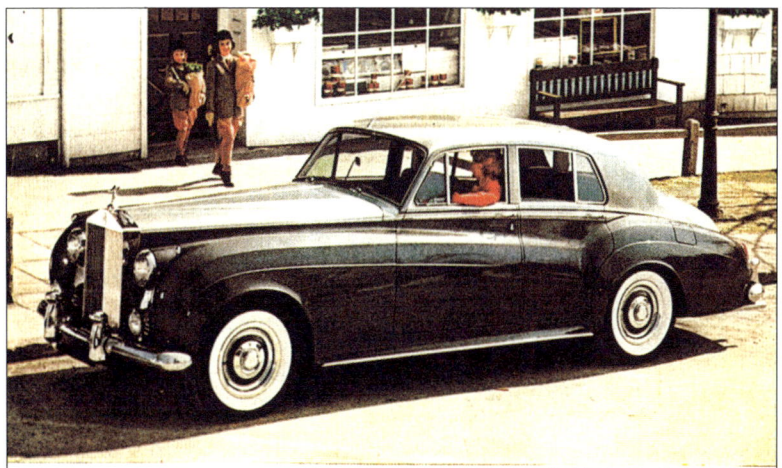

*The Rolls-Royce Silver Cloud—$13,995*

## "At 60 miles an hour the loudest noise in this new Rolls-Royce comes from the electric clock"

*What makes Rolls-Royce the best car in the world? "There is really no magic about it—it is merely patient attention to detail," says an eminent Rolls-Royce engineer.*

1. "At 60 miles an hour the loudest noise comes from the electric clock," reports the Technical Editor of THE MOTOR. Three mufflers tune out sound frequencies—acoustically.

2. Every Rolls-Royce engine is run for seven hours at full throttle before installation, and each car is test-driven for hundreds of miles over varying road surfaces.

3. The Rolls-Royce is designed as an *owner-driven* car. It is eighteen inches shorter than the largest domestic cars.

4. The car has power steering, power brakes and automatic gear-shift. It is very easy to drive and to park. No chauffeur required.

5. The finished car spends a week in the final test-shop, being fine-tuned. Here it is subjected to 98 separate ordeals. For example, the engineers use a *stethoscope* to listen for axle-whine.

6. The Rolls-Royce is guaranteed for three years. With a new network of dealers and parts depots from Coast to Coast, service is no problem.

7. The Rolls-Royce radiator has never changed, except that when Sir Henry Royce died in 1933 the monogram RR was changed from red to black.

8. The coachwork is given five coats of primer paint, and hand rubbed between each coat, before *nine* coats of finishing paint go on.

9. By moving a switch on the steering column, you can adjust the shock-absorbers to suit road conditions.

10. A picnic table, veneered in French walnut, slides out from under the dash. Two more swing out behind the front seats.

11. You can get such optional extras as an Espresso coffee-making machine, a dictating machine, a bed, hot and cold water for washing, an electric razor or a telephone.

12. There are three separate systems of power brakes, two hydraulic and one mechanical. Damage to one will not affect the others. The Rolls-Royce is a very *safe* car—and also a very *lively* car. It cruises serenely at eighty five. Top speed is in excess of 100 m.p.h.

13. The Bentley is made by Rolls-Royce. Except for the radiators, they are identical motor cars, manufactured by the same engineers in the same works. People who feel diffident about driving a Rolls-Royce can buy a Bentley.

PRICE. The Rolls-Royce illustrated in this advertisement – f.o.b. principal ports of entry – costs **$13,995.**

If you would like the rewarding experience of driving a Rolls-Royce or Bentley, write or telephone to one of the dealers listed on opposite page. Rolls-Royce Inc., 10 Rockefeller Plaza, New York 20, N. Y. CIrcle 5-1144.

---

标题:"时速六十英里时,这辆全新劳斯莱斯车内最大的噪声来自电动机械钟"
副标题:劳斯莱斯何以成为全球最好的汽车?"没有魔法,唯耐心关注细节而已。"一位杰出的劳斯莱斯工程师这样说道。

写出这个史上最著名的汽车广告之前,我做了功课。它只在两份报纸和两份杂志上刊登,一共花了 25000 美元。第二年,福特做了一个花费数百万美元的广告活动,宣称他们的汽车比劳斯莱斯还安静。

标题：选择梅赛德斯－奔驰230S，你会放弃很多，包括噪声、锈迹和老掉牙的工艺。

当劳斯莱斯在美国市场上投放了500辆有缺陷的汽车时，我终止了与它的合作。两年后，我们得到了梅赛德斯的广告业务，并派遣了一个小组去斯图加特和他们的工程师面谈，由此触发了一个使用事实型长文案广告的方案，将梅赛德斯在美国的年销量从1万辆提升到4万辆。

标题：挑战做梦都不想给家人吃人造黄油的女人们
副标题：Lever兄弟公司不相信你说得出好运人造黄油和"那东西"的区别

接手一个人造黄油产品客户前，我自己也认为人造黄油是从煤里提炼出来的。做了十天功课后，我读到的那些资料告诉我并非如此。

受邀为好运（Good Luck）人造黄油做广告时，我自己也正深受"人造黄油是从煤里提炼出来的"说法的影响，但读了十天资料之后，我写出了奏效的事实型广告。

同样的事在我服务壳牌汽油时再次发生。客户提供的产品详细介绍，揭示了一个让我很吃惊的事实：汽油中含有多种成分，包括能帮助增加行驶里程的高辛烷值烃类。因这个发现而诞生的广告，帮助壳牌扭转了连续七年市场份额下降的局面。

如果你懒于做此类功课，可能偶尔会幸运地做出成功的广告，但会冒着"摔跟头"的风险，正如我哥哥弗朗西斯所说的，"耍滑头靠不住"。

你的下一个功课是去找出竞争对手为同类产品做过什么样的广告，取得了哪些成功，这会让你认清自己的方向。

接下来要做的是消费者研究。你要弄清楚他们怎么看待此类产品，如何谈论相关话题，最看重产品的哪些属性。还有，什么样的承诺最可能让他们掏钱购买你的品牌的产品。

如果你请不起专业的市场调查机构来做这项工作，那就自己做。有时候，对文案撰稿人来说，找几位家庭主妇闲聊，比那些他没有亲自参与的正式的民意调查还管用。

## 定位

现在考虑一下你要如何"定位"你的产品。这个令人费解的动词大受营销专家的欢迎，但对于它到底是什么意思，却众说纷纭。我本人给它下的定义是"这个产品是做什么用的，给谁用"。我或许可以把多芬香皂定位为给男人用的洗手皂，但我选择把它定位为帮助女人滋润干燥皮肤的沐浴皂，这个定位 25 年后依然奏效。

标题：多芬让香皂一下子过时了！
副标题：全新沐浴皂为你的肌肤带来乳霜般滋养。

我把多芬香皂定位为帮助女人滋润干燥皮肤的沐浴皂，并且使用了一个在测试时胜出的承诺："沐浴时，多芬为你的肌肤带来乳霜般的滋养。"

标题：你如果只是第二名，除了更努力，别无他法。

标题：安飞士在租车业只是第二，那人们为什么来找我们呢？

安飞士租车公司那个古怪的头儿罗伯特·汤森请我为他们做广告，但当时他们的业务和我的另一个客户有冲突，所以我拒绝了。后来 DDB 广告公司做出了"你如果只是第二名，除了更努力，别无他法"的广告。这是广告史上最强有力的广告之一，"第二"这个残忍的定位，让行业老大赫兹租车公司的日子变得很不好过。

16　奥格威谈广告

在挪威，人们对SAAB汽车的印象几乎可以忽略不计，我们把它定位为专供冬天使用的汽车，三年后，它被票选为挪威人冬日最佳驾乘工具。

为一辆看着像只鼓鼓囊囊的靴子的汽车做广告，可能会难倒我，但比尔·伯恩巴克和他乐天派的伙伴们，把大众汽车定位为流行却粗鄙的底特律汽车的对手，结果甲壳虫汽车受到那些希望避开讨厌的高油耗的美国人的狂热追捧。

/ 标题：想想小的好处。

DDB广告公司把大众汽车定位为底特律汽车的对手，从而让甲壳虫成为时髦人士的爱物，销量达到每年50万辆。这个广告的文案撰稿人是朱利安·柯尼格，艺术指导是赫尔穆特·克罗恩。

02　如何做出有销售力的广告　17

## 品牌形象

接下来,你必须决定赋予你的品牌什么样的"形象"。形象意味着个性,和人一样,产品也有个性。在市场上,个性既能成就产品,也能毁掉它。产品的个性是许多特征的综合体——名称、包装、价格、广告的格调,还有最重要的,是产品本身的性格。

/ 左标题:在舒味思苦柠檬苏打水里,你真的能见到柠檬。因为舒味思使用整个新鲜柠檬制造,果汁、果肉、果皮都在里面。①
右标题:你更喜欢在 12 月还是 5 月喝舒味思?

这是品牌形象塑造艺术的一次尝试。我连续 18 年用我的客户怀特黑德中校的肖像来象征他自己的产品。这个广告的花费微乎其微,但效果极其好。

---

① 舒味思,Schweppes,英国的饮料品牌,迄今已有230多年历史,现为可口可乐公司旗下品牌,中文名"怡泉"。为方便读者对照阅读奥格威多本著作,本书仍采用奥格威著作中通行的译名"舒味思"。——译者注

18  奥格威谈广告

每个广告都应该有助于品牌形象，同时广告必须年复一年地持续呈现相同的品牌形象。这一点很难做到，因为广告总会面临改变的压力，比如换了一家新的广告代理商，或是换上了一个想扬名立万的新营销负责人。

建立高品质的形象，对大多数产品都会奏效，它就像一张头等舱票。尤其是那些会被你的朋友看到的产品，比如啤酒、香烟、汽车等关系到面子的产品，如果广告看起来廉价或粗制滥造，也会影响产品在人心目中的形象。谁希望别人看到自己在用劣等货呢？

以威士忌为例。为什么有人选择 Jack Daniel's，有人选择 Grand Dad 或 Taylor？难道他们逐个品尝并比较过味道吗？别傻了！真相是这三个品牌拥有不同的形象，所以才吸引到不同类型的人。他们选的不是威士忌，而是它们的形象。酿酒公司卖的东西，90% 是品牌形象。

标题：伐木工人从田纳西的四面八方为 Jack Daniel's 运来大量枫树[1]。

选择一款威士忌，就是选择一个形象。Jack Daniel's 的广告呈现出一种质朴、诚实的形象，让你感到虽然它价格昂贵，但物有所值。

---

① Jack Daniel's 是美国田纳西威士忌的著名品牌，在陈年之前使用特别的枫树炭对酒进行过滤。——译者注

02 如何做出有销售力的广告　19

加州大学心理学系的研究人员曾经做过一个实验，他们把蒸馏水发给学生，告诉其中一部分人那是蒸馏水，告诉另一部分人那是自来水，然后让学生描述味道。被告知是蒸馏水的学生，大部分人说没有什么特别的味道；被告知那些水是自来水的学生，大部分人说难喝极了。仅仅是自来水这个词，就唤起了他们对氯气的印象。

给人们一小口 Old Crow，告诉他们是 Old Crow，再给他们一小口 Old Crow，告诉他们是 Jack Daniel's，然后问他们更喜欢哪款，他们会认为自己喝到的是两款完全不同的酒。由此可见，他们品尝的是形象。

我一直很迷恋 Jack Daniel's，它的酒标和广告都传递着一种质朴、诚实的形象，高价格也让我认为它一定更高级。

为烈性酒撰写广告是一种极其微妙的艺术。有一次我试图用理性的事实向消费者论证他们应该选择某品牌的威士忌，结果失败了。你永远不会看到可口可乐在广告里说，他们的可乐含有 50% 以上的可乐浆果。

下次再遇到强销的信徒质疑品牌形象的重要性，你就问问他，知道不知道万宝路是如何从默默无闻变成全球最畅销的香烟品牌的——是因为李奥·贝纳为万宝路做的牛仔广告，给了它能够吸引全世界吸烟者的品牌形象。那个广告始于 25 年前，至今仍在使用[1]。

## 什么是大创意？

你可以从现在起做功课，就算做到世界末日，但没有大创意，也永远不会赢得名声和财富。吸引消费者的注意力、促使他们购买你的产品，都需要大创意。没有大创意，你的广告就会如同暗夜航船，无人知晓。

---

[1] 在本书英文版出版时万宝路的广告已经有25年的历史。——编者注

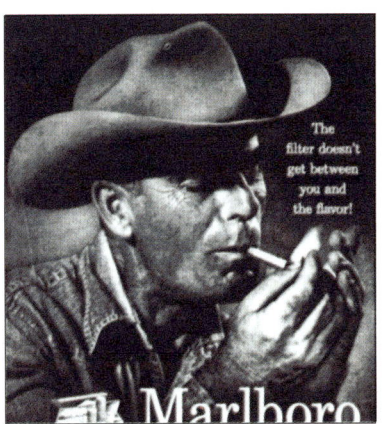

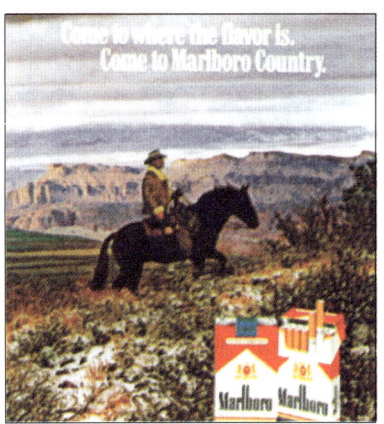

李奥·贝纳为万宝路做的广告呈现出的品牌形象，让万宝路成为全球最畅销的香烟。这个广告活动已经持续了25年，几乎没做过任何改变。

02　如何做出有销售力的广告　　21

/ 大创意来自潜意识。笔者梦到一位上了年纪的面包师在乡间小路上驾着马车去送培珀莉农场的面包。27 年后[1]，马车仍然行进在培珀莉的电视广告中。

我怀疑在 100 个广告里，可能还找不出一个有大创意的。人们认为我是最高产的大创意产出者之一，但在漫长的文案撰稿人生涯中，我做出的大创意不超过 20 个——如果它们能称得上是大创意的话。大创意来自潜意识，这个规律适用于艺术、科学，也适用于广告。但是，你的潜意识里要有足够的信息储备，否则你的创意就什么都不是。把脑子里塞满信息，然后摆脱理性的思考过程，让你的思路自由驰骋。出去散一大圈步，洗个热水澡，喝几杯葡萄酒，都会让你更容易进入放松的状态。然后一瞬间，通往潜意识的线路接通了，一个大创意就自然从你的脑海里涌现出来。

我的同事埃斯蒂·斯托厄尔抱怨说，我给培珀莉农场面包写的第

---

[1] 此处英文版原文为"25 年"，与正文"27 年"相矛盾，恐属原书错讹，这里参照正文，修改为 27 年。——译者注

*Grethe Meyers nye stel "Rødtop" fås i 38 dele til både bord og køkken.*

## Sådan fornyer man en klassiker
### designet af Grethe Meyer

Det er tyve år siden Grethe Meyer lavede "Blåkant" for Den Kongelige Porcelainsfabrik. Og lige fra starten var vi klar over, at her stod vi overfor en klassiker på linie med Børge Mogensens møbler og PH's lamper.

Tiden har givet os ret. Grethe Meyers rene, gennemtænkte formgivning og diskrete dekorationskunst er blevet højt præmieret og højt elsket i mange lande.
Men kunst er fornyelse, og Grethe Meyer har netop fornyet "Blåkant's" tidløse former med en glad, rød kant og en lysere bundfarve. Ændringen er lille, men virkningen stor, og "Rødtop" er næsten lige så forskellig fra

"Blåkant" som sommer fra vinter. Hvad De foretrækker, ved vi ikke. Vi er bare glade og stolte over at kunne give Dem muligheden for at vælge.

### DEN KONGELIGE

---

／ 有时，最好的创意是在广告中用最简单的方式展示产品。这需要勇气，因为你会被指责"没创意"。

02　如何做出有销售力的广告　　23

一个电视广告听起来好像不错，但不够形象。结果当天晚上，我梦见两匹白马拉着面包店的送货车在乡间小路上一路小跑。27年过去了，培珀莉的电视广告中，那条小路上仍然跑着那辆马车。

有人问有史以来最精明的广告人阿尔伯特·拉斯克尔：一个人最有价值的财富是什么？回答是：在好主意面前保持谦逊。但识别好主意极其困难，一想到我自己曾经拒绝过多少好主意，我就内心发颤。在这一点上，调查帮不上什么忙，因为它无法预言一个创意的累积价值，但一个创意如果不能奏效30年，就称不上大创意。

我的一个同事想出了一个创意，让一群公牛在美林证券的电视广告中大摇大摆地从头走到尾，再配上一句广告语——美林看好美国，我觉得这创意太蠢了。幸好，在我看到它之前，客户已经同意了。客户改用另一家广告代理商之后，那群牛仍然在他们的电视广告里大摇大摆。

你可以通过自问以下5个问题来判断那是否是一个大创意：

1）看第一眼时，有没有倒吸一口气？
2）会不会希望想出这个创意的是自己？
3）它是独一无二的吗？
4）它符合广告表现策略吗？
5）它能不能用30年？

能持续五年的广告，也是掰着手指头就数得过来的，但下面这些广告，才是真正的超级明星，无论经济繁荣还是衰退，它们都一直奏效，而且经受住不断变化的竞争压力以及客户、广告公司的人事变动。哈撒韦（Hathaway）衬衫广告中的眼罩，在1951年首次出现，现在仍然充满活力；从1955年起，多芬电视广告都在向消费者承诺："多芬不会像香皂那样让你的皮肤变得干燥。"美国运通的电视广告"你认识我吗？"，

／ 让我懊恼的是，我认为这个广告让人着迷，但它几乎没激起一丁点儿水花。广告中的狗狗是我的布里犬，文案由贾德森·艾里什按照《匹克威克外传》中阿尔弗雷德·金格尔的说话风格撰写。

已经从1975年持续至今；李奥·贝纳为万宝路做的广告，已经沿用了25年。

## 让产品成为英雄

无论何时，只要有可能，就要让产品本身成为广告中的英雄。如果你觉得产品乏善可陈，我可以告诉你：没有无趣的产品，只有乏味的文案撰稿人。在确认文案撰稿人个人对这个产品感兴趣之前，我从不把产品随意指派给他。每次我自己写出糟糕的广告，都是因为我对那个产品没兴趣。

广告代理商必须面对的一个问题是，很多产品和它们的竞争对手并无差异。制造商采用相同的制造技术，市场研究人员使用相同的程序确定消费者对颜色、规格、设计、口味等特性的偏好。在销售这些"相同"的产品时，你能做的只有把它们的特征解释得比竞争对手更有说服力，用广告的风格来建立差异。这就是广告贡献的"附加价值"，即便使用最严格的道德主义标准来评判，我也不会因此憎恨自己。

## "确实很好"

我头脑中曾经有一种感觉，后来我的同事乔尔·拉斐尔森把它描述得明明白白：

> 过去，几乎每个广告人都认为，为了卖出东西，他必须使消费者相信，他的产品比竞争对手的高级。
>
> 其实我们不必这么做。使消费者相信你的产品确实很好就足够了。如果消费者确信你的产品好，而不确定你竞争对手的产品好不好，他就会买你的。
>
> 如果你和竞争对手都生产很棒的产品，不要试图在广告中暗示你的更好，只说你产品的好处就行了——而且表达得更清晰，更诚实，包含更多有用的信息。
>
> 如果这个理论是正确的，谁能让消费者确信他的产品"确实很好"，销售量就会转向谁。

## 重复使用你的成功之作

如果你足够幸运，写出了一个好广告，那么就重复使用它，直到它不再能销售产品。大量好广告都在失效前就被抛弃了。

调查表明，一个广告在同一份杂志上连续刊登数期，读者人数并不会降低。至少连续四期，广告的读者人数都会保持相同水平。

你不是向一群站在那儿不动的人做广告，你是向一个行进的群体做广告。能向去年结婚的夫妻卖出一台冰箱的广告，很可能也会成功说服今年结婚的人。广告就像一台雷达，不断扫描，持续发现进入市场的潜在消费者。造一台好雷达，让它不断工作。

> "你不是向一群站在那儿不动的人做广告，你是向一个行进的群体做广告。"

亨利·福特有一次对他的广告代理商的文案撰稿人说："比尔，你这个广告做得是很不错，但我们真的要没完没了地用它吗？"那位文案撰稿人回答道："福特先生，这个广告还没开始用呢。"福特已经在太多会议上见过它太多次了。平息此类争论的最佳方式，是按照一定的间隔周期有规律地评估广告的销售效果，直到调查显示，广告已经不再奏效，才停止使用它。

## 口碑

广告有时会渗入文化。比如，麦斯威尔电视广告的主题曲，就曾经荣登流行音乐排行榜的第七位。怀特黑德中校在舒味思广告里露面之后，也一度成为电视脱口秀节目的流行话题。这种事纯属运气，没人知道如何有意为之，至少我不知道。

50年前在英格兰，人们就尝试通过传播奇闻趣事形成口碑广告，比如这一则：

> 一个老农走在路上，因为风湿病，他的腰严重弯曲。这时，一个开劳斯莱斯的人停车下来跟他说话，并告诉他吃点儿比彻姆氏丸。你知道那是谁吗？国王的医生！

## 推翻委员会

大部分广告都太复杂。它们要实现太多目标，还得努力调和过多决策者、参与者完全相左的意见，什么都想照顾到，结果却一无所获。

许多电视广告和印刷广告看起来就像是委员会的会议记录。就我个人经验而言，委员会只会批评，不会创造。

> 找遍城市的所有公园，你也找不到一座委员会雕像。

广告公司有一种委员会创作广告的方式，就是所谓的"小组工作制"。谁敢质疑这种团队工作方式呢？

但是使用此法，做广告的进程会慢如蜗牛。由客户的品牌经理和广告公司的客户代表组成的委员会不停地争论广告策略，他们希望这样的争论越长越好，因为这是他们的饭碗。接着，市场调查人员又要花上好几个月，回答一个很基本的问题。等到文案撰稿人终于能开始做点儿事了，他们又会在接连不断的头脑风暴会议和诸如此类磨洋工的事上游荡。一个文案撰稿人如果平均一个星期能有一小时真的在创作，那他已经很了不起了。

广告代理商的一个广告妊娠期大约介于鬣狗（110天）和山羊（151天）之间。就拿电视广告的故事板来说，先要在广告公司内部一层又一

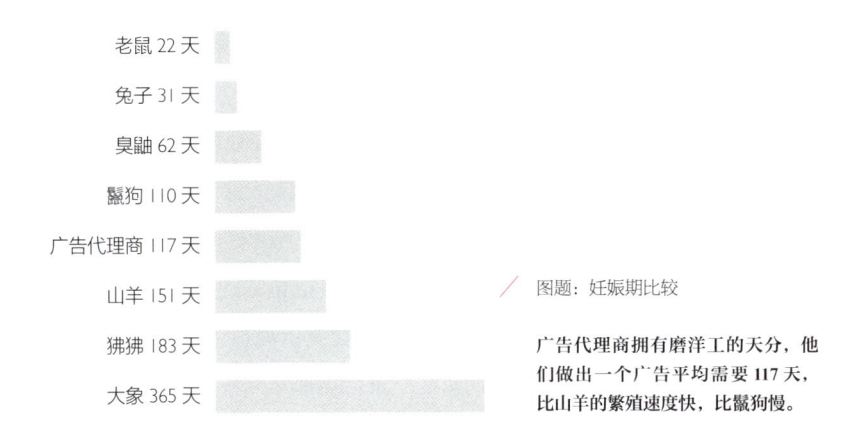

老鼠 22 天
兔子 31 天
臭鼬 62 天
鬣狗 110 天
广告代理商 117 天
山羊 151 天
狒狒 183 天
大象 365 天

图题：妊娠期比较

广告代理商拥有磨洋工的天分，他们做出一个广告平均需要 117 天，比山羊的繁殖速度快，比鬣狗慢。

层没完没了地争论，到了客户的公司，再一层又一层地争论，经历如此考验幸存下来的，才能开始制作和测试。要是一个文案撰稿人平均每年能产出三个电视广告，他得高兴得飞起来。

## 雄心壮志

文案撰稿人极少有雄心壮志。如果他们足够尽力，能让客户的销售翻倍，让自己扬名立万。我敦促他们："登高远望！独辟蹊径！追求成就！赢得不朽声名！"

李奥·贝纳说得更好："伸手摘星，即便一无所获，也不至满手污泥。"

## 求知

有一次，我问乔治五世的外科医生休·里格比爵士："什么会成就一位伟大的外科医生？"他回答说："外科医生的动手能力没什么差别，伟大的外科医生之所以声名卓著，是因为他比其他人懂的更多。"广告业也是如此，谁知道的多，谁就会成为高手。

我问一位不甚出色的文案撰稿人读过哪些广告专业书，他告诉我说，一本都没读过，他更愿意凭自己的直觉做广告。我问他："假如今天晚上你不得不切除胆囊，你是更愿意选择一位读过一些解剖学的书，知道你的胆囊在哪儿的外科医生呢，还是一位依赖自己直觉的外科医生？凭什么期望我们的客户肯把数百万美元押在你的直觉上呢？"

拒绝学习专业基础知识的现象在广告行业非常常见。我不能想象其他任何职业能靠着这么点儿知识过活。测试一条电视或者印刷广告，需要花费数百万美元，测试过后，却几乎从不分析测试结果，去找出哪些因素会提升广告效果，哪些因素会降低广告效果。广告教科书中关于这一课题的内容也完全欠缺。

领导智威汤逊广告公司 45 年后，伟大的斯坦利·里索告诉我："我们每年会花掉客户数亿美元的广告费，但结果呢？我们知道什么？什么都不知道。两年前，我指派了 4 个人，开始测试和识别让广告奏效的因素，他们现在已经找到 12 个了。"我没好意思告诉他，我有 96 个。

广告公司总在浪费客户的钱去重复同样的错误。多年前，研究就已经表明，反白字（黑底白字）很难阅读，但我最近从一期杂志中，找出了 49 个排成反白的广告。

为什么广告业在将前人经验汇集成行业文献上做得如此失败？是因为这个行业没有吸引到勤于探索的头脑？是因为任何科学方法都不及"有创造性"的人的能力？还是因为他们担心知识会把一些教条强加给广告工作？

其实并非一直如此。20 世纪 30 年代，乔治·盖洛普担任扬罗必凯广告公司市场调查总监时，就不仅测量广告的阅读量，还对其进行了统计分析。他发现，使用某些技巧的广告总是能胜过其他。一位睿智的艺术指导沃恩·弗兰纳里对盖洛普的研究结果产生了浓厚的兴趣,并且在自己的广告中使用它们。几个月后,扬罗必凯做的广告,阅读量就远超其他广告公司,为客户带来难以计量的收益。

米尔斯·谢菲尔德用类似的方式研究《麦考尔》杂志的内容,也得到了相近的结果。比如,他发现,成品菜的照片会比生食材的照片吸引更多读者,烹饪方法如果印成卡片样式,总会更能吸引家庭主妇的兴趣。

/ 如果更多文案撰稿人拥有雄心壮志,他们也能名利双收。照片上是图佛(Touffou),一座中世纪的古堡,不去奥美分公司巡视时,笔者就隐居于此。

哈罗德·赛克斯用同样的方法测量报纸中广告的阅读量，他发现，如果广告的编排与报纸的编排风格相近，效果会更好。

1947年，曾在斯特林·格彻尔的广告公司担任市场调查总监的哈罗德·鲁道夫出版了一本这方面的著作[1]，他发现，有故事诉求元素的照片吸引读者注意的能力远超平均水平。这个发现启发我在哈撒韦衬衫广告中，让模特戴上一个眼罩。

后来，广告界开始无视此类研究。那些曾经率先追求真知的广告公司，正在比谁都更积极地违背他们的前辈发现的广告规律。

有时，客户会仅仅因为哪家广告公司能用稍微低一点点的价格购买媒体，就更换广告代理商，但他们不知道，一位文案撰稿人如果懂得什么是吸引人们阅读广告的真正诱因，那他所做的广告能吸引到的读者，往往会数倍于对此一无所知的同行。

> "有时瞎眼的猪也能碰到松露菌，但真正的行家才能知道，橡树林里松露菌最多。"

我已经在盖洛普开创的路线上走了35年。我用别人收集照片和邮票的方式，一点点发现和收集影响广告效果的因素。忽视这些因素，我只能祝你好运。有时瞎眼的猪也能碰到松露菌，但真正的行家才能知道，橡树林里松露菌最多。

值得注意的是，提升或降低广告效果的因素，这些年来变化甚微，除了极少数的例外情况，消费者仍然会对同样的广告技巧做出同样的反应。

## 来自直接反应广告的经验

所有这些研究都发现，大部分广告人并不能确切地知道他们的广告能否帮助销售。许多因素都会影响人们对广告效果的判断。但通过邮件

---

[1] *Attention and Interest Factors in Advertising*, by H. Rudolph. Funk & Wagnall, 1947.

或电话直接获取订单的直接反应广告，对每一个广告的销售效果的衡量都能精确到一美元。所以我们可以观察直接反应广告主做的广告，你会发现他们使用的广告技巧，和一般广告主所用的有很大差异。比如：

> 一般广告主使用30秒电视广告，但直接反应广告主发现，两分钟的电视广告能带来更多盈利。你觉得谁更可能是对的？
> 一般广告主在昂贵的黄金时间投放电视广告，这一时段的电视收视率会达到峰值，而直接反应广告主发现，在深夜投放的广告能促成更多销售。你觉得谁更可能是对的？
> 在杂志广告中，一般广告主使用短文案，而直接反应广告主始终如一地坚持用长文案。你觉得谁更可能是对的？

我相信，如果所有广告主都能向直接反应广告主同行学习，他们花在广告上的每一元钱，都能带来更多销售。每一个文案撰稿人在开始职业生涯时，都应该先去做两年直接反应广告。任何一个广告，只要看上一眼，我就知道撰稿人有没有这方面的经验。

那么，你可能会问，我自己实践过我的这些原则吗？我曾经做过很多在这个行业占有一席之地的广告，但如果你问我，哪一个最成功，我会毫不犹豫地告诉你，是我为波多黎各工业发展计划写的第一个广告。它虽未因"创意"获过奖，但吸引了大量的制造商到那个贫困的岛上投资建厂。

可惜的是，广告代理商只做此类务实的广告，并不会帮自己赢得"有创意"的好名声，反而会无声无息地倒掉。

什么是好广告？是风格让你愉悦的，还是能卖出最多东西的？这两样鲜少同时达成。把一本杂志从头翻到尾，找出你最喜欢的广告。你可能会选那些有漂亮插图和精巧文案的，但你会忘记自问，它们会不会吸

罗瑟·瑞夫斯:"你想要写得很好的文案？一个广告杰作？还是让那该死的销售曲线停止下滑、开始上升？"

引你去买广告中的产品。达彼思广告公司的罗瑟·瑞夫斯曾说：

> 我不是说让人着迷、妙趣横生、温情友善的广告没有销售力，我只是说，我见过数以千计让人着迷、妙趣横生但推销效果不理想的广告。假设你是个制造商，你的广告不奏效，你的销量在下滑，但所有的一切——你的未来、你家庭的未来、其他人的家庭，都指望着它。你走进这间办公室来跟我谈论这些事，就坐在那张椅子上。此时此刻，你想从我这儿得到什么呢？写得很好的文案？一个广告杰作？还是让那该死的销售曲线停止下滑、开始上升？[1]

---

[1] *Reality in Advertising*, by R. Reeves. Alfred A. Knopf, Inc., 1961.

# "创造性"邪典

本顿和鲍尔斯（Benton & Bowles）广告公司抱有一个信念："不能提升销售，则无创意（creative）。"但愿如此。

> **"不能提升销售，则无创意"。**

在12卷本的《牛津词典》里，你找不到"creativity"这个词。你认为它指的是独创性（originality）吗？瑞夫斯说："独创性是广告中最危险的字眼，一门心思想要独创性的文案撰稿人，追寻的东西就像沼泽地里的火苗一样虚幻——那东西在拉丁文里叫'鬼火'。"

莫扎特曾说："我从不在任何独创的乐曲创作上下一丁点儿功夫。"

没有更合适的说法时，我自己偶尔也会用极其令人生厌的"创意"一词。如果你在这方面下的功夫比我多，我猜你一定读过芝加哥大学出版社出版的《创意组织》（The Creative Organization）那本书。尽管如此，我却不得不为一个新广告想出一个"大创意"，而且必须得在星期二之前想出来。"创造性"这个词，对我从今天到周二要干完的活儿来说，显得无比矫情。

几年前，哈里·麦克马汉（Harry McMahan）就提醒人们留意因创造性而斩获克里奥奖的那类电视广告：

> 得过四次奖的广告公司丢了客户；
> 一个获奖公司破产了；
> 一个获奖公司取消了电视广告的投放预算；
> 一个获奖公司被一个同行抢走了一半的客户；
> 一个获奖公司拒绝把获奖广告用于实际投放。

克里奥广告奖历年获奖的电视广告有81个，其中36个广告，相关的广告代理商要么丢掉了客户，要么破产停业。

## 来谈谈性

我有生以来做的第一个广告，放了一个裸体女性的画面。那是个错误的决定，不是因为太过性感，而是它和产品——一只做饭的炉子——毫不相关。

测试很重要。在洗衣粉广告中出现女性胸部卖不出洗衣粉，在汽车广告中引擎盖上的性感姑娘出现得也毫无道理。另一方面，与美相关的

/ 这是我做的第一个广告，我都不好意思放在这儿展示。没有标题，没有承诺，没有关于产品的信息。当然，在那之前，没有人在广告中用过裸体画面，但用在这里，它也与产品——一只做饭的炉子——毫不相关。

产品有理由在广告中用裸体，因为那确实有用。

广告会反映社会的风俗习惯，但并不会影响它们，所以广告里赤裸裸的性，不如杂志和小说里多。"fuck"这个词在当代文学中已经司空见惯，但迄今为止，还从未出现在广告中。

从前，广告界一直有一条不成文的潜规则，香烟广告里不能出现女性。直到人们已经习惯看到女性公开吸烟很久之后，这个禁忌才解除。我是第一个在烈性酒广告中使用女性的，那是在女性开始公开饮酒30年后。

不久前，整个巴黎都在兴奋地期待着大幅广告牌上的一套系列巨幅海报。第一幅海报上是一个穿比基尼的性感姑娘，她说："9月2号，我

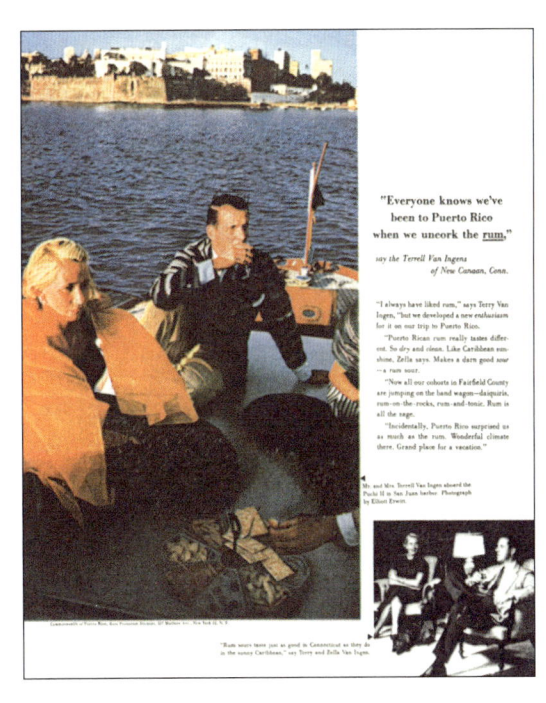

> 有很长一段时间，女性可以像男性那样饮用烈性酒的念头，让清教徒们觉得特别被冒犯，所以烈性酒广告中不会出现女性。我是第一个打破这个禁忌的人。

02 如何做出有销售力的广告

会脱掉上装。"9月2号，一张新海报出现了——她真的脱了上装。这一次，她许诺："9月4号，我会脱掉下装。"整个巴黎都在谈论她会不会信守承诺，结果，她做到了。

没有多少巴黎人被吓着。不过我不建议你在美国的南达科他州投放这样的海报。

在巴基斯坦，一位伊斯兰教的阿訇抱怨说："我们的妇女正在被电视报纸利用，变得商业化，这违反真主的旨意，而且违背《古兰经》规定的传统的深闺制度。"他提议明令禁止女性出现在广告中。在沙特阿拉伯，广告中使用女性的照片是违法的，但使用绘画则没问题，只要不露出胳膊和乳沟。一个软饮料的电视广告曾经表现一个小女孩因为很喜欢那个味道而舔嘴唇，结果以有伤风化为由被禁播了。

说到味道，我强烈反对最近在广告里使用神职人员、僧侣和天使作为滑稽人物的风潮。你可能觉得这很好玩，但很多人会感到愤怒。

不过，我不反对在广告中出现与"排泄"有关的幽默。有一次在克里奥奖的颁奖典礼上，我负责把大奖颁给一个日本香皂的电视广告，广告中一个小男孩在公共浴场放屁，颁奖时我没有一丁点儿不适。

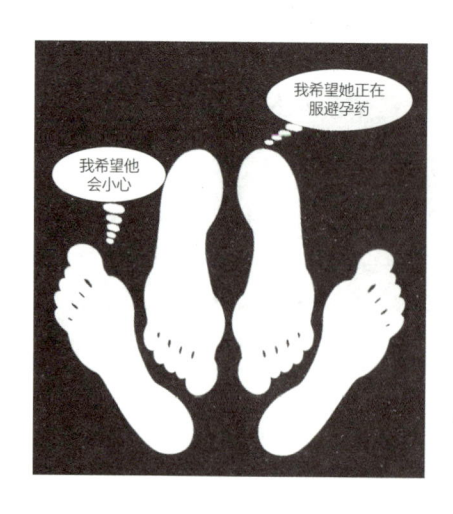

英格兰健康教育委员会做了这个广告，以鼓励女孩们从家庭计划诊所获取免费的避孕药具——"无论你是否已婚"。

/ 我的一个同事写了这个"有伤风化"的男用古龙香水的广告。

我见过的最"有伤风化"的广告文案,来自帕高男用古龙香水。那个广告让销售量提升了 25%,而且被票选为 1981 年度最佳杂志广告。

英格兰健康教育委员会则做广告鼓励女孩从家庭计划诊所获取免费的避孕药具。

如果你肯听从我前面说的这些建议,你会做自己该做的功课,避免委员会的烦冗参与,通过市场调查学习真知,观察直接反应广告主如何做广告,并且远离不相关的性诱惑。

# 03.

## 广告业的工种和谋职建议

科西莫·德·美第奇写了一封信,以期说服佛罗伦萨金匠、雕塑家本韦努托·切利尼受雇于他,信的结尾说:"来吧,我会用金子噎死你。"

Ogilvy

广告业有四种职业路径：

1）进入电视网、广播电台、杂志或者报纸，向广告主或广告代理商销售媒体时间或版面；
2）进入像西尔斯·罗巴克那样的零售商做文案撰稿人、艺术指导或广告经理；
3）进入宝洁那样的制造商公司当品牌经理；
4）进入广告公司。

四者之间，并没有严格分界线。西尔斯训练出来的文案撰稿人，有时会跳槽到广告公司，宝洁的品牌经理会跳到广告公司，广告公司的媒体购买人员也可能转去为广播电视机构工作。

我只有资格写写广告公司方面的工作职位。我不知道哪个行业有比广告公司更多样化的工种。这里就像培育广告人的心理温室，氛围异常激动人心，永远不会令人厌倦。

所有大型广告代理商都是国际化公司，在欧洲、亚洲、拉丁美洲都可以提供工作机会，熟练掌握一门外语，会对你很有帮助。

在广告职业生涯的早期，学到多少比挣到多少要重要得多。一些广告公司会花费大量心力培训员工，就像在教学医院，顶尖的医生会投入大量时间教导实习医生。在一些广告业已经发展得相当成熟的国家，这样的培训并不总是受到欢迎。尽管初出茅庐，广告公司的新人却认为他们没什么需要学习的。但是在亚洲和其他发展中国家和地区，人们会热情欢迎来做讲座的前辈，而且听讲时每一个词都不肯错过，所以亚洲的广告水平迅速提升毫不奇怪。我发现印度、泰国、新加坡、中国香港、马来西亚和印度尼西亚的广告，已经比许多欧洲广告和美国广告还要好。

## 文案撰稿人

像其他行业和职业一样，广告业也有自己的权威人士。你可以在广告名人堂的入选名单中见到他们的名字，自广告名人堂成立32年以来，已经有84位男性和4位女性入选。很遗憾，其中只有13位是文案撰稿人。

文案撰稿人可能不是广告公司中最引人注目的人，但却是最重要的人。一个潜在的成功的文案撰稿人，需要具备以下特质：

- 旺盛的好奇心，无论是对人还是对广告；
- 幽默感；
- 勤奋工作的习惯；
- 为印刷媒体写出富有吸引力的散文体文案、为电视广告写出自然的对话体文案的能力；
- 形象化思考的能力（电视广告更依赖画面而非语言）；
- 写出前无古人的好广告的雄心壮志。

达彼思广告公司的威廉·梅纳德曾说："绝大多数文案撰稿人可以

分成两个类型，要么是诗人，要么是杀手。诗人把一个广告当成终极目标，而杀手总在追求终极目标。如果你既是诗人又是杀手，那你就发财了。"

## 艺术指导

受过影视拍摄、设计、摄影、印刷方面的训练，你才能胜任艺术指导的工作。拥有良好的艺术品位也会对你的工作有所帮助。

因为印刷广告逐渐过时，许多艺术指导把自己变成了电视广告制片人。电视是一种视觉媒体，天然成为他们施展才华的绝佳出路。

过去，艺术指导曾经是文案撰稿人的仆从，不过现在，他们赢得了自己的地位。事实上，一些艺术指导已经成为杰出创意总监，其中著名的有恒美广告公司（DDB Worldwide）的鲍勃·盖奇、奥美公司的豪尔·赖尼和尼达姆、Harper & Streers公司的凯茨·莱因哈德。

"过去，艺术指导曾经是文案撰稿人的仆从，不过现在，他们赢得了自己的地位。"

## 客户代表

客户代表的主要工作是汇集广告公司其他部门的工作精华，和客户保持密切接触。

如果我想成为一名客户代表，我会先在宝洁做几年品牌经理，然后到一家消费者调查公司工作一年，了解人们消费时如何做选择，尤其是比我受教育程度低的人如何做选择。

一些广告公司现在更愿意雇用女性担任客户代表。在奥美纽约分公司，69%的客户代表是女性。

过去，客户代表的薪酬高于客户方和其角色相对应的品牌经理，他们不仅负责广告，也负责整个营销计划的制订。但那样的好日子已经一去不复返了。现在客户不但从相同的商学院招募新人，而且付比广告公司更高的薪水，结果，客户代表的地位在许多广告公司已经降低成协调员。不久前，我在飞机上无意中听到以下对话：

"你是做什么的？"
"工程师。你呢？"
"我在广告公司做客户代表。"
"你负责写广告？"
"不，文案撰稿人写。"
"那你做的一定是挺清闲的工作。"
"没那么简单，我们做很多调查研究。"
"你做市场调查？"
"不，我们有专门的市场调查人员。"
"那么你是负责吸引新客户吗？"
"那不是我的任务。"
"抱歉，那你到底是做什么工作呢？"
"市场营销。"
"你为客户做市场营销？"
"不，他们自己做。"
"那么你在公司管理层吗？"
"不在，但快了。"

如果这段让人沮丧的对话还没把你吓跑，你仍然希望做一名客户代表，我再重复一遍我在《一个广告人的自白》中给出的建议——让自己狄更斯修改圣诞颂歌的手稿。想要写好文章，如同做苦役。

成为全公司对客户了解最多的人。比如，如果那是个汽油领域的客户，就读一些关于石油地质和石油产品生产的书，读这个领域的商业期刊，星期六上午待在加油站，和开车的人聊天，拜访客户的炼油厂和实验室。这样，在你入行第一年的年底，你就会比你的上司更了解石油行业，而且做好接替他的准备。

客户代表的大部分工作都是日常性的例行公事。如果遇到一桩特殊的大事，那么你大展身手的机会就来了。几年前利华兄弟公司要求它的7家广告代理商就当时还是新事物的电视媒体提交一份政策性报告。其他公司提交的文件是五六页，刚好达到客户的要求，但我们公司一个年轻人不厌其烦地收集每一份可信的统计数据，夜以继日地干了3个星期，交出一份177页的分析报告。第二年，他被推选进了董事会。

一些年轻男女被客户代表这个行当附带的旅行和娱乐机会吸引，但他们很快就会发现，如果得一边吃蛋奶酥一边向客户解释市场份额为什么会下降，在高级餐厅吃饭绝对不是什么乐事；如果你的孩子正生病住院，巡视测试市场对你来说更是一场噩梦。

客户代表可以分为托管员和贡献者两种类型。如果你的作用只是公司各部门之间的一个沟通渠道，像个在厨房主厨和餐厅客人之间传菜的服务生，你也能勉强应付这份工作，但我希望你可以贡献更多，比如，为销售产品想出一个大创意。

不管你工作多勤奋，变得多在行，30岁之前，你都不能在客户决策层那里代表你的公司。我的一个同事极速晋升，27岁就获得了这样的资格，代价是他的头发全白了。

如果不能做出精彩的提案，你永远无法成为成功的客户代表。你的客户绝大部分是大公司，你必须有能力把广告卖给他们的委员会。你的提案不仅要写得精彩，也要陈述得非常棒。

不要把客户当成蠢货，和他们交朋友，买他们公司的股票，但不要卷入他们的公司政治。你要效仿塔列朗[①]，他经历7个政权，一直为法国服务。

总是告诉客户，如果你是他，你会怎么做，但不要认为他不应该有决定用哪个广告的权利。那是他的产品，他的钱，而且最终要负责任的也是他。

在日复一日和客户、同事打交道的过程中，要把握关键，不要纠缠细枝末节。但习惯过于大方地在不重要的小事上妥协，也会让你在重大问题上很难坚持自己的立场和观点。

别在公共场合谈论客户的生意。对客户的机密，要守口如瓶。嘴巴不严的名声会毁了你。

要学会写简洁明晰的备忘录，需要看备忘录的上司有比你更多的功课要做，你的备忘录越冗长难懂，有决定权的人好好读它的可能性就越小。1941年，温斯顿·丘吉尔发了下面这份备忘录给海军大臣：

> 今天请用一页纸说明皇家海军为适应现代战争做了哪些准备。

## 市场调查人员

想获得在一家好广告公司市场调查部门工作的机会，你不仅需要拥有统计学或者心理学方面的学位，还要有善于分析的头脑和写出清晰可读的研究报告的能力。

---

[①] 夏尔·莫里斯·塔列朗，法国大革命时期的政治人物，在法国多届政府中担任外交部长、总理等要职。——译者注

你还必须能迁就和配合创意人员的工作，他们绝大部分人都顽固地厌恶调查。最重要的，你必须理性地保持诚实。一个在报告中夹带偏见的市场调查人员，会造成极其可怕的损失。

我对帮助我做出有效广告的市场调查人员感激不尽，不过我有9个观点，得和他们理论一番：

1) 当我只有3周时间完成广告时，他们却要花3个月去做调查。艾森豪威尔当总统时，有一次白宫在下午6点钟给盖洛普博士打电话，说总统想了解一项重要外交政策的民意状况，报告得在第二天早晨8点之前放到他办公桌上。盖洛普找来6位得力干将，口述了3个问题。之后，每位得力干将打电话给全国各地的6位访员，每位访员又访问了10个人。半夜时分，访问结果全部通过电话返回。盖洛普把访问结果制成表格，写出自己的报告，然后再口述给一位白宫速记员。早晨6点，报告就到了艾尔豪威尔的办公桌上，比预定时间还早了两个小时。

这不是唯一一个与总统影响力有关的个案。1968年，罗伯特·肯尼迪在俄勒冈州的初选中失败，投票结束后18小时，他的竞选负责人就把一份分析失败原因的报告放到了他的办公桌上。我刚开始负责盖洛普的受众研究机构时，我们的统计学家需要两个月的时间才能交出一份报告，我逼着他们缩短成两天，这样我们的报告对客户，也就是好莱坞的决策者们，就有了更大的价值。

为什么广告公司的市场调查人员回答几个简单的问题就得花上3个月呢？因为他们行动迟缓，而且太害怕犯错误。

> "为什么广告公司的市场调查人员回答几个简单的问题就得花上三个月呢？"

2）他们内部无法就调查方法达成一致。21家最大广告公司的市场调查总监花了两年时间，就文案测试的基本规范达成一致，最近公布了出来。现在他们又开始争论调查方法了。这恐怕又得争上五年？

3）广告公司的市场调查部门有些人充满了学究气，他们对社会学和经济学比对广告更有兴趣，把注意力都集中在只和广告有一点儿关系的外围课题上。

> "广告公司的调查研究充满了学究气。"

4）对于已完成的报告，他们的信息检索系统非常低效，甚至完全没有。报告拿给人读了，有时起了点儿作用，然后就归档了。两年后，相关的市场调查人员、客户代表、文案撰稿人、品牌经理都另谋高就，即便还有人记得曾经做过那么一份报告，也没人能找得到它。所以我们不得不年复一年地重复劳动。

5）广告调查中充满昙花一现的流行风潮。整个20世纪60年代，我们见过眼球运动记录器、拉丁方、事实法、随机区组、希腊拉丁方，其中有些有用，但现在全都过时了。

6) 市场调查人员总喜欢用非专业人员无法理解的图表，而且把报告写得太长。拉尔夫·格伦丁在宝洁做高管时，就拒绝读任何一份厚度超过 1/4 英寸[①]的研究报告。

7) 市场调查人员会用让人恼火的方式拒绝某些研究计划，仅仅因为按照他们的完美标准，那些计划看起来不够完美，即便它们能产生非常可行的结果。丘吉尔曾说："完美主义等于失能。"

8) 100 个市场调查人员中，有 99 个只满足于做别人要求他做的调查研究，而不会自发做点儿什么。别人停止提问，他们就什么都不做。

9) 更糟糕的是，市场调查人员喜欢用自命不凡的行业术语，像态度范式、据判断、分众、再概念化、次优、共生联系、割裂等等。丢掉它们吧，先生。

## 媒介人员

我从未在广告公司的媒介部门工作过，但对这个行当中的一些成功者的观察，让我认识到，他们需要拥有善于分析的头脑，有用非数字化形式沟通数字信息的能力、在压力之下保持稳定性的能力，还要拥有与把控媒介资源所有者谈判的技巧。

## 首席执行官

广告公司难度最高的工种是首席执行官。面对一群敏感的广告人，

---

① 1 英寸 = 2.54 厘米。——编者注

他必须是个好的领导者。他必须有财务上的精明、管理上的技巧、开除表现不佳员工的决断力与勇气、面对逆境时的韧性。最重要的是，他必须有充沛的精力，能够一天工作 12 小时，每周出去应酬好几次，一半的时间都在飞机上。①

最近的一项研究表明，广告公司高管因精神压力原因而死亡的比例，比其他行业同等职位的白领高 14%。

## 创意总监

我自己就做过创意总监，所以我敢列出这个累死人的岗位所需要的特质。你必须：

1）是个优秀的心理学家；
2）愿意而且能够建立高标准；
3）是个高效的管理者；
4）能够进行战略性思考，考虑"定位"及所有问题；
5）拥有进行调查研究的头脑；
6）对电视广告和印刷广告同样在行；
7）对包装商品客户和其他类型的客户同样在行；
8）精通平面设计和印刷；
9）勤奋工作，而且干活很快；
10）不爱争吵；
11）愿意分享功劳，愿意共同担责；

---

① 去年一年，我同事迈克尔·鲍尔飞了 30 万英里，睡了 131 晚酒店。

12）是个提案高手；

13）是个好教练，也是个超级伯乐；

14）享受生活之乐，并能以乐观的情绪感染别人。

请注意，我把"是个优秀的心理学家"放在了这个清单的第一条。史上赚钱最多的广告人阿尔伯特·拉斯克尔有一次告诉一群文案撰稿人："你们认为管理文案撰稿人很容易吗？你们让我掉了多少头发？有五个半月的时间我都要崩溃了，跟你们说不上五分钟话，我就忍不住想哭。"

## 广告业的女性

女权主义者对英语做了极其讨厌的事，但我不愿意把发言人写成 spokesperson，把主席写成 chairperson，把照顾家庭的男人写成 househusband，把女性负责的地下管道检查井写成 womanhole，进而避免性别歧视的指责。

像我们这一代的所有男孩一样，我从小就认为女性属于家庭，直到看到我母亲在出去工作时有多开心，我才改变观念。我的第一位女性副总裁是瑞瓦·科达，她是一位杰出的文案撰稿人，后来成为整个创意部门的领导者。尽管智力和能力都无可挑剔，那些受任何一个女性领导都觉得不舒服的男性文案撰稿人和艺术指导，还是时不时给瑞瓦带来一些不快。但是现在，奥美纽约分公司有 52 位女性副总裁，而且看起来男性员工对她们并无不满。

现在，美国广告业在所谓的"专业"岗位上吸收的新人，多数都是女性。

## 解雇与雇用

过去,广告公司会毫不犹豫地解雇员工。斯特林·格彻尔的公司虽然在很多方面都让人钦佩,但他们的年度人事变动率达到137%。另一家广告公司解聘了一位文案撰稿人,原因竟然是他胆敢在厕所里跟老板谈话。现在,风水轮流转了,广告公司人员会频繁流动,我最近雇用了一位40岁的文案撰稿人,他已经换了11次工作。

你可能会想,像广告公司这样完全依赖从业人员才能的地方,应该严肃认真地招募新人,但迄今为止情况并非如此,在绝大多数广告公司,招聘都相当草率且无序。即便在今天,广告公司也鲜少询问求职者的前雇主对这个人的评价。我认识两位先生,他们曾被三家公司聘为总裁,然后又被解雇,但从没有人去征询过这几家公司对此人的看法。

> "你可能会想,像广告公司这样完全依赖从业人员才能的地方,应该严肃认真地招募新人,但迄今为止情况并非如此。"

## 广告教育

现在美国已经有87所大学开设了广告方面的本科课程,其中一些甚至可以授予学位。但除了极个别的例外,教师们普遍缺乏相关领域的实践经验。他们的知识仅限于质量堪忧的教科书,而且极少有人做自己的研究。毕业生们只能去小型广告公司工作,因为大型广告公司更愿意招募通过学习历史、语言、经济以及诸如此类的专业武装了头脑的新人。

从商学院招募新人的热潮好像已经开始降温。除极少数像贝克学者奖获奖学生那样的明星,哈佛商学院的毕业生的笨拙和傲慢明显比他们的想象力更有名。

## 社会地位

我在苏兰格做将军牌炉灶的上门推销员时，曾经走访过一位贵族，结果他把我挡在门外，质问我有什么权力进入他的私宅。"先生，"我对他说，"您是两家公司的董事，这两家公司都靠上门推销来销售产品。您怎么能因为我做了你们的推销员每天都在做的事侮辱我呢？"他对推销员的鄙视，恰好反映出英国企业对广告业的态度，但美国企业不是这样的。

## 做兼职

如果你想挣得更多，而你所在的广告公司不愿意付给你那么多，你可以做兼职来赚些外快。我已经做了30年兼职。因为为《假期》杂志写了一个广告，柯蒂斯出版公司送了我两盏非常华丽的瓷器台灯。当时，因为发行量不佳，他们一直在指责《假期》杂志的编辑，而且我有理由相信，他们想解雇非凡的主编泰德·帕特里克。于是我说服12家最大型广告公司的领导人和我联名，盛赞泰德"在出版商的指责下淡然处之"。柯蒂斯的人被弄得哑口无言，意识到他们无法解雇泰德，而且还刊登了我为泰德写的广告。

《读者文摘》杂志捐了1万美元给培养过我的苏格兰学校，作为我为他们写的一个广告的酬劳。

欧米茄钟表公司邀请我去他们在瑞士的总部待了4天，指导他们如何提升广告水平，为此他们付了我2.5万美元。他们这些钱花得特别值。直到今天，我仍然应邀担任着金宝汤公司的营销顾问。

标题：3263000 位《假期》读者中的 12 位写给泰德·帕特里克的公开信

柯蒂斯出版公司送了我两盏独特的瓷器台灯，因为我在业余时间为他们写了这个广告。他们没搞明白我真正的意图：让他们无法解雇《假期》杂志的主编。广告下面的签名来自 12 家最大型广告公司的领导人——都是《假期》的客户。

## 活着的时候就要开心

作家雷蒙德·钱德勒曾说："国际象棋像广告公司干的活儿一样，是对人类智慧的精致浪费，这种浪费除了在广告公司，你哪儿都找不到。"如果说广告业是对人类智慧的浪费，那它还不是非常严重的那个。在美国，在广告公司工作的人不足 10 万，不到劳动人口的 0.1%，而英国只有 15000 人。

# Confessions of a magazine reader

by DAVID OGILVY
Author of "Confessions of an Advertising Man"

I READ 34 magazines every month. I like them all, but the one I *admire* most is Reader's Digest.

The editors of The Digest are in possession of a remarkable technique: *they know how to present complicated subjects in a way that engages the reader.*

This gives The Digest's editors great influence in the world. They put their influence to admirable use.

They are on the side of the angels. They are crusaders, and they carry their crusades, in 14 languages, to 75 million souls a month.

They crusade against cigarettes, which kill people. They crusade against billboards, which make the world hideous. They crusade against boxing, which turns men into vegetables. They crusade against pornography.

They crusade for integration, for the inter-faith movement, for the Public Defender system, for human freedom in all its forms.

Good Pope John once told The Digest editors, "How comforting it will be for you, when you come to the close of your lives on earth, to be able to say to yourselves: *We have served the truth."*

### No log-rolling, no back-scratching

Ten years ago Reader's Digest first opened its columns to advertising. This worried me. I was afraid that The Digest editors would start pulling their punches in deference to advertisers and even give editorial support to advertisers– an obvious temptation to magazine editors. But this has not happened; The Digest has remained incorruptible. No log-rolling, no back-scratching.

The success of The Digest is deserved. It does not depend on prurience, voyeurism or cheap sensationalism. What The Digest editors offer their readers are *ideas*, education (practical and spiritual) and self-improvement.

The instinct of these editors is toward *clarity of expression.* The current issue, as I write, includes articles on religion in schools, on the Congo, urban renewal, violence on television, Abraham Lincoln and safe driving. Each of these subjects is presented in a way which I can understand. If I did not read about them in The Digest, I wouldn't read about them anywhere. I wouldn't have time.

Some highbrows may look down their noses at The Digest, charging it with superficiality and over-simplification. There is a modicum of justice in this charge; you *can* learn more about the Congo if you read about it in *Foreign Affairs Quarterly,* and you *can* learn more about Abraham Lincoln in Carl Sandburg's books about him. But have you time?

### Never boring

I seldom read a highbrow magazine without wishing that a Digest editor had worked his will upon it. I would then find it more *readable.* The Digest articles are never long-winded, never obscure, never boring.

I also admire the editors' *courage.* They have the guts to open their readers' minds on delicate subjects. They grasp nettles. Like venereal disease, cancer, mental illness. They are not humorless prigs. Their sense of humor is uproarious. They make me laugh.

### Editorial technique

Their techniques fascinate me. First, the way they present the contents on the cover – a tantalizing menu which invites you to the feast inside. (I have never understood why *all* magazines don't do this.)

Second, the ingenious way they write the titles on their articles. They pique your curiosity– and they promise to satisfy it. For example:

*What Truckers Say About Your Driving*
Professional drivers sound off on the most common — and dangerous — faults of the amateur

How could anybody resist reading an article with a title like that?

I earn my living as a copywriter in an advertising agency. It is a matter of life and death for me to get people to read my advertisements. I have discovered that more than half the battle is to write headlines which grab people's attention and force them to read the copy. I learned how to do this by studying headlines in The Digest.

The Digest editors do not start their articles in the front of the magazine and carry them over in the back. They carry you through your magazine without this maddening interruption, and I bless them for it.

### The battle for men's minds

You and I, gentle reader, live in the United States, and we think of The Reader's Digest as an *American* magazine. So it is – 15 million Americans buy it every month. But it is also published in 20 other countries — 10,500,000 copies a month. It is the most popular magazine in several countries abroad, including all of the Spanish-speaking countries.

The International editions of The Digest carry more or less the same articles as the U.S. editions. The editors have discovered that subjects which are important to people in Iowa, California and New York are equally important to people in France, Tokyo and Rio.

Thus it comes about that Digest editors have a profound influence on people who are free to read what they want. This magazine exports the best in American life.

In my opinion, The Digest is doing as much as the United States Information Agency to win the battle for men's minds.

Credit where credit is due. I know nobody who deserves the gratitude of their fellow Americans more than DeWitt and Lila Acheson Wallace. The Digest is the lengthened shadow of these two great editors. Theirs are the names at the top of the masthead. It is the most formidable of all mastheads: no less than 208 men and women. Among them you will find some of the most distinguished journalists in the world. No other magazine is so richly endowed with professional competence.

Some magazines are dominated by the men who sell advertising space. In my experience, there has never been a good magazine which was not, like The Digest, dominated by its editors.

Long live The Reader's Digest!

*David Ogilvy*

"Reader's Digest asked me if I would comment on why I think so many people all over the world read it," Mr. Ogilvy says. "I agreed to try, because I regard The Digest as a major force for good in the world, and I wanted to say so. In return for my work The Digest will make a donation to Fettes, the Scottish school which gave me my education on a full scholarship."

---

／ 标题：一个杂志读者的自白

为感谢我写了这份广告，《读者文摘》杂志捐了1万美元给培养过我的苏格兰学校。因为广告中要印上我的签名，我下了很大功夫努力把它写好，好到雷蒙德·罗必凯称之为"杰作"。如果客户都要求广告代理商在自己做出的广告上署名，他们一定能得到更好的广告。

我觉得我认识的大多数广告人都很适合自己的工作，因此工作起来都乐在其中。一旦我认为某人在广告业是在浪费他的天分，我会如实相告。我的一位同事是个杰出的博物学家，暗自厌恶自己待在广告公司的每一天，后来他听从我的建议离职了，去从事保护濒危物种的工作。用一句苏格兰谚语来说，这叫"活着的时候就要开心，因为死亡的时间太漫长"。

一些广告人认为广告是个不值得尊重的职业。巴黎一家广告公司的老板曾经帮助弗朗索瓦·密特朗当上法国总统，但他对他的自传作者说："别告诉我妈我在广告公司工作，她以为我在妓院弹钢琴呢。"可怜的家伙。

从事民意调查的人都很清楚，门外汉都把广告人当成骗子。盖洛普博士最近就公众对 24 个职业诚实程度的评价做了一项调查，得分最高的是神职人员，得分最低的是工会头目、汽车销售商和广告业从业人员。人们对广告人是"强行推销的人"的刻板印象极难消除。不过我个人从未想过放弃我的工作去做神职人员，我享受我的工作，并且经常为它的成果而自豪。

> **"我个人从未想过放弃我的工作去做神职人员。"**

## 如何求职

不要打电话申请工作，写信给三四家广告公司，随信附上你的全部履历。记着信一定要手写，并且下足功夫。我的同事肯尼思·罗曼和乔尔·拉斐尔森在他们合著的《有效写作》[①]中，给出了如下金玉良言：

---

① *Writing That Works*, by Kenneth Roman & Joel Raphaelson. Harper & Row, New York, 1981.

1. **把所有名称拼写准确**

   求职者拼错他想应聘的广告公司名称的情况,多得惊人。这个错误会马上给人一个信息:"这个人并没多大兴趣来我这儿工作,他连花点儿工夫弄明白公司的名称怎么拼都不肯。"

2. **确定你想申请哪种工作**

   在信的开头,就清晰地陈述这一点,并且说明是什么促使你申请这份工作,无论是通过招聘广告还是朋友推荐。一份申请市场调查分析师工作的求职信,一开头就故弄玄虚:

   亲爱的史密斯女士:
   　　春天来了——一个让人想到播种的季节。一些种子很小,比如苹果树种子,另外一些种子大一点儿,比如椰子树种子。但是无论大小,如果能被种到合适的土壤中,它都会茁壮成长。

   其实他不如这么开头:

   亲爱的史密斯女士:
   　　我知道您在找一位市场调查分析师。

   史密斯女士没空和他的邮件玩猜谜游戏。

3. **写得具体且实事求是**

   表明你想申请哪个岗位,就要谈及你最重要的资历。要避免像这样傲慢抽象的表述:"雄心勃勃且力争卓越就是我最强大的资本。"

4. **要写得个性化、直接、自然**

你是一个人，正写信给另一个人，你们双方谁都不是一个抽象的机构。你要表现得有条理、有礼貌，但要避免生硬、没有人情味。

你的信写得越像你这个人，就越能从众多竞争者中脱颖而出。但不要试图用你神采飞扬的个性去迷惑读者。面试时你不能炫耀卖弄，那为什么要把求职信写成那样呢？能把信里的每一句话都写得像和坐在桌子对面的人说话，就足够表现出你的个性了。

5. **提议下一步具体做什么**

在信的结尾，你要清晰明确地表达你希望通过什么样的后续步骤获得一次面试。避免下面这样含糊不清的说法：

> 希望很快得到您的回复。
> 感谢您能抽时间阅读并考虑我的申请。
> 期待能有机会同您请教工作。

所有此类结尾，都把安排下一步的任务推给了你忙碌的未来雇主。为什么要让他为你的利益工作呢？这件事你得自己做，你要这么写：

> 我周三下午会打电话给您的办公室，请教您是否有意让我来面试。
> 每天早上8：45之前，周四下午的2：30之后，我都有时间接受面试。我会在周三下午打电话给您的办公室，请教您是否有意在上述时间安排我面试。

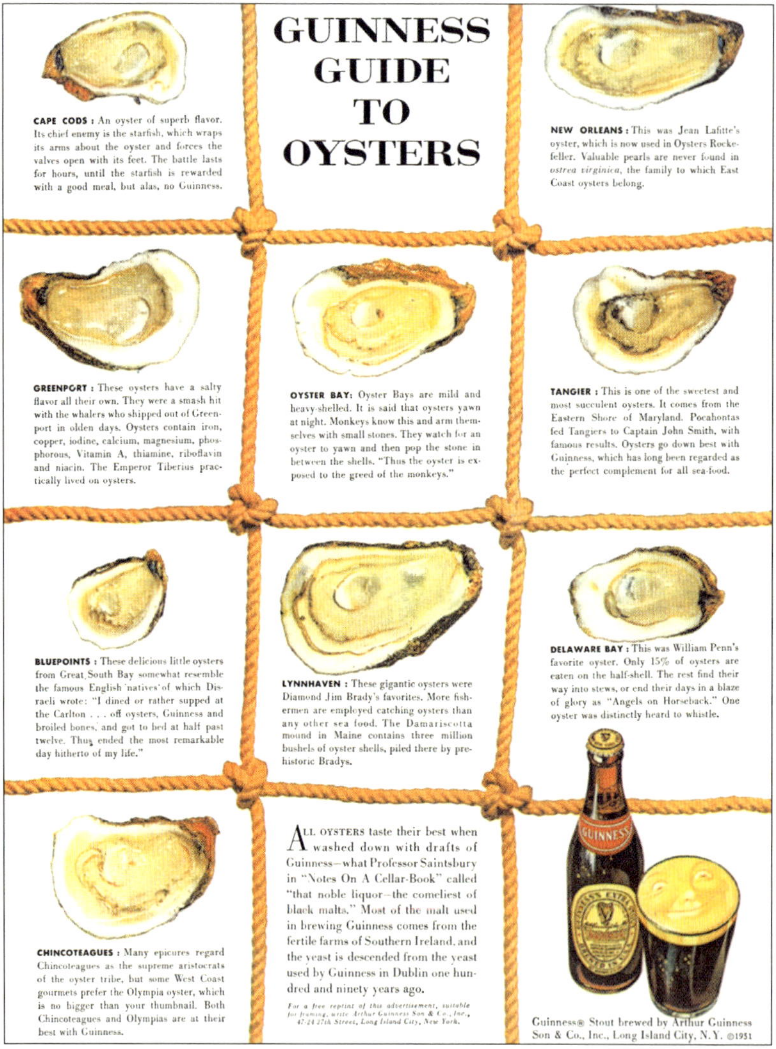

标题：健力士生蚝指南

这是我作为自己广告公司的头儿写的第一个广告，那年我 39 岁。

在这一阶段，一个电话会让另一方的工作变得简单。如果你不打电话给他，他就得费劲打给你或者给你回信。这么做的考虑是，你要尽量让你的潜在雇主能很简单地安排一个对你来说比较方便的约见时间。

我总为广告业求职者的无知而感到吃惊。收到类似这样"优秀"的求职信，我简直就像遭到了轰炸：

> **"我总为广告业求职者的无知而感到吃惊。"**

> 我的目的是寻求更多有挑战性的经历，以进一步发展我的市场营销和广告技能。我感觉我的训练到了一个停滞期。我的目标是获得一个高层管理者的职位，运用我在营销传播领域的广泛经验，为实现公司的目标做出切实的贡献。我的创意背景和专业经验包括规划市场目标、发展战略和营销传播计划等。

如果你肯接受我的建议，那就不要到广告业谋职，除非你对做广告比对这世界上的任何事都感兴趣。

从艺术指导到数据统计，广告业有很多不同的工种，每个都需要不同的技能。所有工作都可以由女性承担，有些工作女性甚至会做得更好。

广告人收入不菲，但别想着有美第奇许给切利尼的金子那么多。想要变得富有，有比做广告更容易的途径。

# 04.

## 如何经营广告公司

# Ogilvy

经营一家广告公司，最高领导者需要有点灯熬油勤奋工作的精神、高超的销售技巧、强健的体魄、足够的勇气、充足的动力，以及让长期在紧张焦虑状态下工作的男男女女保持士气的才能。

人们普遍认为，广告公司最容易吸引那些天生就容易焦虑的神经官能症患者，但我不相信。广告公司里每天发生的那些事，足够让最沉着冷静的人也焦虑起来。

**文案撰稿人**生活在恐惧之中。周二上午之前能想出一个大创意吗？客户会接受它吗？测试时它能得高分吗？它会有销售力吗？每次坐下来写广告，我都会想：这回我死定了！

**客户代表**同样很有理由焦虑。面对客户时，他代表公司；面对公司时，他又代表客户。公司干了蠢事，客户唯他是问；客户故意刁难，公司又会归咎于他。

**广告公司的头儿**也有自己的烦恼。某某客户会把业务交给我们吗？那个很有价值的同事会不会想辞职？周二的那场业务提案，我会不会搞砸？

所以，要让人在你的公司工作得很有乐趣。员工工作没乐趣，就做不出好广告。要用笑声赶走严肃冷峻的氛围，用鼓励让人们热情洋溢，还

> "员工工作没乐趣，就做不出好广告。"

有，赶走那些丧家犬般整天垂头丧气散布悲观情绪的家伙。

什么样的人能经营出成功的广告公司？我的观察是：他们要有热情，要理智而诚实，要有做艰难决定的勇气，要有逆境中复原的韧性；他们中大多数人都拥有天生的魅力，不仗势欺人，能够鼓励下属积极发表意见，并且善于倾听；他们大多酒量惊人，沉迷于工作；除了读堆成山的业务文件，他们很少阅读其他书。

他们大多是体面人，值得交往，但并非一直如此，我刚到纽约时，一些广告公司就是由恶棍和骗子领导的。

关于经营广告公司，最广泛的共识是，你的客户会分布在不同行业。早晨，你可能和香皂客户讨论他面临的问题和机会，下午则可能是银行、航空公司、制药厂。你需要为这种多样性付出代价。每次去见一个客户，你都得在短时间内把他的业务弄得足够明白，以便给出有价值的建议。我负责公司经营时，每天要带回家两个公文包，花4个小时阅读其中的资料。我妻子因此不大高兴。除了这些功课，我最讨厌的是应付那些电话，看完文件，我大约要回25个电话。

广告公司是办公室政治的温床。甲会不会比乙先得到一间独立的办公室？为什么你请乙吃中饭而没请丙？为什么丁比丙先得到副总裁职位？我知道的一家头衔满天飞的广告公司，有2个主席、3个总裁、2个总经理、8个执行副总裁、67个高级副总裁、249个副总裁。你可能觉得没人把这些虚名当真，但他们自己就是很当回事儿。关于发放头衔，我对路易十六的说法一直印象深刻："每给出一个头衔，我都会让一百个人不高兴，让一个人不领情。"

如何控制办公室政治的蔓延和升级？你可以保持公平，同时避免玩弄宠信。威廉·门宁格博士说："领导者不可避免地要扮演父亲的角色。要做一个好父亲，无论是对孩子还是对公司的同事，他都需要通情达理，为他人着想，还要足够慈爱亲切。"如果门宁格做过交互分析，他可能还会加上，最好的父亲要提供"支持"而不是施加"控制"。

门外汉会认为，在广告公司工作，你就是在做广告。然而事实上，广告公司90%以上的员工是不做广告的。他们做市场调查，做媒介计划，购买媒介的版面和时间，做那些所谓的"市场营销"工作。他们中又有60%做的是杂务。

在绝大部分广告公司，客户代表的数量是文案撰稿人的两倍。如果你是奶牛农场主，你会雇两倍于奶牛的挤奶工吗？

文案撰稿人和客户代表之间的摩擦，是所有广告公司的流行病。文案撰稿人通常认为客户代表无脑且仗势欺人。我认识的一些客户代表符合这样的刻板印象，不过他们中的大多数人善解人意，而且受过很好的教育。客户代表则倾向于认为文案撰稿人是不负责任、恃才傲物的家伙。有些文案撰稿人确实如此。

## 雇用

要成功经营广告公司，你需要有能力雇用到拥有优秀天赋的人，给他们全面的训练，让他们的潜能充分发挥出来。最难找到的是有潜力成为杰出文案撰稿人的人才。他们对太阳底下所有的事都抱有显而易见的强烈好奇心，有超常的幽默感，而且对广告这一技艺有狂热的兴趣。我曾经认为，没人能在30岁前写出好广告，但有一次在法兰克福，我要求见一见一个特别杰出的广告的作者，结果发现，她只有18岁。

一些文案撰稿人年复一年地产出创意的能力，让我极为赞叹。乔治·塞西尔为美国电话电报公司写广告已经有40年之久，仍然写得非常棒。在广告业，最好的专业人员经常被提升到管理层，这是个灾难。对于我的客户来说，我写广告会比做董事会主席有用得多。

每次有人被提升为奥美分公司的领导者,我都会送上一套俄罗斯套娃。如果他好奇地打开它,并且打开到最内层、最小的那个娃娃,他会发现一张便条:"每个人都雇用不如自己的人,我们会成为一家侏儒公司;每个人都雇用比自己强的人,我们会成为一家巨人公司。"

即便你发现有人比你优秀,你也不见得总能招募到他。我没能成功吸引来的人包括杰出的艺术指导赫尔穆特·克朗、以创作伊卡璐广告著称的雪莉·波利科夫,还有一位年轻的客户代表巴特·卡明斯,他后来

成为康普顿广告公司的领导者。

我总是努力雇用 J. P. 摩根所说的"有头脑的绅士"。他指的是那些自命不凡的人吗？我觉得是。美国能有今天，要归功于罗斯福、迪安·艾奇逊、埃夫里尔·哈里曼、罗伯特·洛维特、约翰·J. 麦克洛伊、洛克菲勒兄弟以及许多其他并没有得到充分认可的要人。

我特别幸运地结交了一些圣保罗中学与哈佛大学的校友，尤其是我的同事埃斯蒂·斯托厄尔、乔克·埃利奥特。我也同样幸运地结交了一些饱览人情世故的绅士。

**"我总是努力雇用 J. P. 摩根所说的'有头脑的绅士'。"**

如果你被委任为奥美分公司的领导者，我会送你一套这样的俄罗斯套娃。在最小的那个娃娃里，你会发现这样一张便条："每个人都雇用不如自己的人，我们会成为一家侏儒公司；每个人都雇用比自己强的人，我们会成为一家巨人公司。"

> **Wanted by Ogilvy & Mather International**
>
> # Trumpeter Swans
>
> In my experience, there are five kinds of Creative Director:
>
> 1. Sound on strategy, dull on execution.
> 2. Good managers who don't make waves…and don't produce brilliant campaigns either.
> 3. Duds.
> 4. The genius who is a lousy leader.
> 5. TRUMPETER SWANS who combine personal genius with inspiring leadership.
>
> We have an opening for one of these rare birds in one of our offices overseas.
>
> Write in inviolable secrecy to me, David Ogilvy, Touffou, 86300 Bonnes, France.
>
> *David Ogilvy*

/ 在《艺术指导》杂志上刊登招聘广告时,我把想要什么样的人写得很清楚。

标题:奥美国际寻找黑嘴天鹅
正文:
根据我的经验,艺术指导有五种类型:
1. 善谈战略,拙于执行;
2. 善于管理但不善兴风作浪……当然也做不出成功的广告;
3. 稚嫩的新手;
4. 禀赋不凡,但领导力糟糕透顶;
5. 是个黑嘴天鹅式的人物,集个人能力和鼓舞人心的领导力于一身。
我们的海外公司正在寻找一只这样的珍禽。
请直接写绝对密函给我本人。
大卫·奥格威,图佛,86300 博纳,法国。

那么 J. P. 摩根说的头脑，指的又是什么呢？不是高智商，而是好奇心、常识、智慧、想象力和读写能力。为什么要包括读写能力？因为广告公司和客户之间的绝大部分沟通，都以书面形式进行。我不是说你要成为诗人，但如果写不出清晰易懂的备忘录，你很难晋升到更高的职位。我曾经说服我的两位同事就这个主题写了一本书[1]，我也推荐你读读。

要寻找有一天能领导公司的年轻人。有什么方法可以预测领导潜能吗？我所知的唯一方法，就是看他们大学时的记录。他们如果在 18 至 22 岁之间就是领导者，很大可能在中年时也成为真正的领导者。

保证你有一位副总裁负责变革，以在更多墨守成规的同事中营造创新求变的氛围。

## 培养继任者

在你的员工中发掘可能接替你的人，精心安排他们的职业生涯。荷兰皇家壳牌石油公司发现，选择他们所称的"皇储"的最可靠标准，有以下几个：

1）分析能力；
2）想象力；
3）现实意识；
4）"直升机视野"——用综观全局的视角看待事实和问题的能力。

壳牌杰出的前领导者约翰·劳登认为，选择人才担任高级职位时，个性比所有这些能力更重要。我敢公开宣称自己相信笔迹学能作为一种

---

[1] *Writing That Works*, by Kenneth Roman and Joel Raphaelson, Harper & Row, 1981.

评估个性的手段吗？在美国，这法子被当成无稽之谈，但在法国商界却已经得到广泛应用。在接受我的求婚之前，我妻子请了两位笔迹分析专家分析我的字体，他们的分析结果完全一致，而且非常精准。

那么，潜在的继任者是从内部提升，还是从公司外雇用呢？安德鲁·卡内基说："摩根先生是从外面'买'搭档，我是自己培养。"奥美早期很缺钱，付的薪水很低。吉米·戈德史密斯说，付低薪，你就只能用能力很低的人。我没有选择提升内部能力有限的员工，而是从外面聘请业内明星，比如埃斯蒂·斯托厄尔、乔克·埃利奥特、安德鲁·科索来充实高层。即便已经储备了后备领导人才的成熟广告公司，也需要不时从公司外聘请合伙人来激发活力。

## 什么样的人不要雇

永远不要雇用你的朋友。这个错误我犯了三次，三个人都不得不解雇了，最后连朋友也做不成。

永远不要雇用你客户的子女。如果不得不雇用他们，可能会失去那个客户。这是我犯过的另一个错误。

"永远不要雇用你客户的子女。"

永远不要雇用你自己的子女，或者你同事的子女。他们可能很能干，但有雄心壮志的人不会待在裙带关系的荫蔽之下。这个错误我没犯过，我儿子在房地产业工作，没有沾他老子一点儿光，过得相当心安理得。

雇用已经在其他领域获得成功的人，要三思而后行。我曾经雇用过一位杂志主编、一位律师和一位经济学家，他们都没能对广告业产生兴趣。

还有，永远不要雇用你的客户。能让一个人成为好客户的那些能力，并不是在广告业获得成功所需的能力。这个错误，我犯过两次。

## 办公室政治

广告公司温室般的氛围，特别能激发员工之间的竞争暗战，甚至把它们催化成大学教师之间的那种激烈竞争[1]。米尔顿·拜奥的广告公司，就是因为办公室政治太严重了，不得不关门大吉。我有7个办法可以遏制它们：

1) 解雇最坏的办公室政客。你可以通过他们匿名打竞争对手小报告的频率，来识别出他们。
2) 如果有人来你的办公室，说他的竞争对手是个不称职的家伙，就把对方叫来，让他当着人家的面再说一遍。
3) 坚定不移地反对笔墨官司，让你的人面对面争论。
4) 在公司发起一个午餐俱乐部，这个法子能把敌人变成朋友。
5) 禁止剽窃。
6) 别玩宠信弄臣那一套。
7) 管理者别玩政治。如果你自己对员工玩弄"分而治之"的小伎俩，你的公司将会灰飞烟灭。

## 工作纪律

坚决要求员工准时上班，即使要为此支付奖金。坚决要求快速接听来电。永远注意谨慎保守客户的机密，电梯和餐厅中不谨慎的言语、过早地使用外部排印公司、在公司布告牌上展示即将刊登的广告，诸如此

---

[1] 参议员本顿离开本顿和鲍尔斯广告公司加入芝加哥大学后，发现大学里的办公室政治更厉害。

类的行为，都可能会给客户造成重大损失。

持续对员工施加压力，以保持其专业水准，甘于平庸等于自杀。更重要的是，工作必须守时，即便这意味着要彻夜工作或者周末加班。正如一句苏格兰谚语所说，勤奋工作不会置人于死地，但人会死于无聊和疾病。没什么比偶尔来一次通宵冲刺更能提升士气，当然前提是你自己也参与其中，永远不要让员工孤军奋战。

关于压力，圣奥古斯丁曾说过：

> 活在压力之下是不可避免的。压力遍及全世界，你会遇到战争、封锁以及其他各种让人忧心的状况。我们都认识一些面对压力牢骚满腹、抱怨连天的人，他们是懦夫，整个人黯淡无光。但是还有一种人，他们面对同样的压力从不抱怨，而是把压力看成对自己的磨砺，认为是压力把他们淬炼锻造成真正的贵族。

我承认，我有时候也会觉得压力大到无法忍受。我的弱点是经常在不会有什么结果的事情上浪费太多时间。有个好办法可以帮你避免这种状况，那就是在一年开始时，把你今年要完成的事一项一项都写下来，到年底时，再盘点一下你完成了多少。麦肯锡公司把它当成一个强制性的规则，要求所有合伙人执行，并且按照清单上的事情完成了多少来支付报酬。

## 领导者

经营广告公司，让我有独特的机会去观察那些管理着大公司的人。我的客户绝大部分都是优秀的问题解决者和决策者，但只有少数是杰出的领导者。其中一些人，不但不能激励团队，反而会阉割他们，让他们元气尽失。

伟大的领导者有一种惊人的影响力，能让任何一家公司都有卓越表现。我有幸为三位善于鼓舞人心的领导者工作过：一位是主厨皮塔德先生，我在巴黎皇家饭店后厨工作时，他是我的老板；另一位是乔治·盖洛普；还有英国情报处的威廉·斯蒂芬森爵士。

人们已经做过很多关于领导力的研究。社会科学家们的共识是，领导者的成功与客观环境极为密切。比如，一个人在一家工业公司可能是一位非常出色的领导者，但到华盛顿去做商务部长，他可能会做得非常失败；在新兴公司做得非常成功的领导者，也很少能领导好一家成熟公司。

一个人能否成为领导者，和他的学业成就似乎并不相关。这让我很释然，因为我就没有获得过大学学位。让人成为好学生的动机，和驱动他成为卓越领导者的动机，并非同一类型。

大公司倾向于拒绝接纳不符合他们传统的管理人员。有多少公司会提升像通用汽车的查理·凯特林[①]那样的特立独行者呢？又有多少广告公司肯雇用简历上写着"失业农场主、前厨师、辍学者"的38岁男人呢？（这个人是我，38岁那年我创办了奥美。）

在个性中包含鲜明的离经叛道特质的管理人员中，更容易发现最杰出的领导者。他们从不拒绝创新，而且使创新成为企业的个性，离开创新，公司无法成长。

伟大的领导者几乎总是充分显露出自信。他们从不狭隘，从不推卸责任。失败之后，他们会很快振作起来——美国运通的霍华德·克拉克在经历了大豆油欺诈案后就是如此。在他不屈不挠的领导下，运通的股

---

[①] 查理·凯特林，1916年加入通用汽车公司，1920年成为业内首家专业汽车技术研发机构——通用汽车研究实验室的负责人，领导通用汽车完成了许多具有里程碑意义的技术创新。——译者注

价增长了14倍。

伟大的领导者总是热情地投入工作。他们从不受制于讨好所有人这种有害的欲望，勇于做出不得人心的决策，包括有勇气开除不称职的人。格莱斯顿曾说，伟大的首相必须是个好屠夫。

在皇家饭店工作时，我亲眼见到主厨开除了一个糕点师傅，因为那个可怜的家伙没法让他做出的黄油鸡蛋圆面包立得端端正正。这个冷酷无情的决定让其他所有厨师觉得，自己是在世界上最棒的厨房工作。

有的人擅长领导一大群人——无论是公司的劳动大军，还是国家的选民，但领导一个小团队时，却常常是个糟糕的头儿。

伟大的领导者都坚决果断，迎难而上。其中有些人个性非常古怪。英国著名首相劳埃德·乔治两性关系混乱，打赢南北战争的格兰特将军嗜酒如命。1863年11月26日，《纽约先驱报》引用林肯的话说："希望你们有人能告诉我格兰特喝什么牌子的威士忌，我要给其他将军每人送一桶。"

温斯顿·丘吉尔也是个嗜酒如命的酒鬼。他反复无常，脾气暴躁，对幕僚极其缺乏同理心，是个不折不扣的自我中心主义者。尽管如此，他的幕僚长还是写道：

> 回顾和他共事的那些年，虽然我觉得那是一生中麻烦最多、最难应对的日子，但还是感谢上帝让我有机会在这样一个人的身边工作，看到这个世界上偶尔会有这样的超人存在。

我不认为让人畏惧是杰出领导者的一种手段。人们在愉悦的氛围中，才能产出最好的工作成果，变革和创新的发生都源于工作中的乐趣。这一点上，我深受天联广告公司（BBDO）查理·布劳尔的启发，他把圣保罗写给哥林多人的《使徒书信》的第13章改写为："一个人终其

一生为美国国库纳财聚宝，却无乐趣可言，无异于行尸走肉。"

我所知的伟大领导者，性格都异常复杂。麻省理工学院前校长霍华德·约翰逊称这种特质为"一种内在的精神力量，是'领导者'的一种神秘要素"。我在麦肯锡的马文·鲍尔、波多黎各的特德·莫斯科索、摩根担保的亨利·亚历山大身上都见识过这种神秘的能量。

最高效的领导者是能够满足下属心理需求的人。比如，美国人在民主传统下长大，要领导好他们，就得满足他们对于独立性的需求。但美国式的民主领导风格，到了欧洲却不太好用，那儿的管理人员需要专制点儿的领导者。所以，美国广告公司委任当地人担任国外分公司的领导人是更明智的做法。

领导者从不对下属放权，对广告公司没有一点儿好处。你建立的核心层人数越多，你的公司就会越强大。

再来说说做个好下属的艺术。一

/ 这几位伟大领导者都共同拥有"一种内在的精神力量"。从上至下：麦肯锡的马文·鲍尔、波多黎各的特德·莫斯科索、摩根担保的亨利·亚历山大。

04　如何经营广告公司　79

战前夕，第一代马尔博罗公爵①带着下属骑马勘察地形，把手套掉到了地上。他的参谋长卡多根下马捡起手套递给他。其他官员认为，卡多根此举是出于非同寻常的良好教养。当天夜里晚些时候，马尔博罗公爵下达了最后命令："卡多根，在我掉手套的地方布置一排大炮。"

"已经安排好了。"卡多根答道。他已经揣摩到马尔博罗的心思，预料到他会下这样的命令。卡多根就是那种能让领导者的工作变得简单的下属。当然，我也见过谁都领导不了的下属。

我所知的绝大多数的伟大领导者，都善于用演讲鼓舞人心。如果你自己写不出激动人心的演讲稿，就请人捉刀，但一定得请好的。为罗斯福代笔的，是诗人阿齐博尔德·麦克利什、剧作家罗伯特·舍伍德和法官罗森曼，所以罗斯福比我们见过的任何一位总统都更能鼓舞人心，只有约翰·肯尼迪能与之媲美，因为肯尼迪也请了出色的影子写手。

擅长演讲的首席执行官很少，有人是无论谁给他写好了讲稿，他都能讲得一塌糊涂。但这项能力可以学习，所有重要的政治人物都会聘请专家来教自己演讲②。

关于领导艺术，最精辟的说法来自菲尔德·马歇尔·蒙哥马利：

> 领导者必须具备富有感染力的乐观精神和面对困难时的坚定品格。他还必须向下属传递信心，即便他自己对结果也并无十分把握。
>
> 对一个领导者的终极测试，是你离开他出席的会议后感受如何。你有没有觉得振奋，有没有觉得充满信心？

---

① 指约翰·丘吉尔，英国军事家、政治家，欧洲 18 世纪前期最优秀的将领之一。——译者注
② *Speech Dynamics*, by Dorothy Sarnoff, Doubleday, 1970.

## 挽救酗酒者

有可靠的研究显示，在美国商界，每 100 个高级管理人员中就有 7 个酒鬼，而且我们非常确定，在广告公司比例至少也有这么高。这里说的酒鬼，指的是该人酗酒的严重程度已经影响到家庭生活和工作表现，并且可能因此失去工作、毁掉婚姻，甚至死于肝硬化。

这些酒鬼中，可能有耀眼的业务明星，但如何识别出他们是个问题，因为秘书和同事经常会为他打掩护。你可以请酒鬼的妻子来，一起做一个他意想不到的对质，表达你对他酗酒的忧虑，告诉他，在场的人都想帮他，你已经为他预约了酗酒治疗中心，他当天就得去，如果他不能照你说的做，妻子和孩子都打算离开他，你也会解雇他。

绝大多数酒鬼都会答应。酗酒治疗中心会用一个星期时间帮他戒酒，然后用三个星期巩固戒酒成果。回家后，他需要在至少一年内，参加嗜酒者互戒协会的日常聚会。

这种做法对 60% 的酗酒者都会奏效，我已经见到它挽救了很多有价值的人，男女都有。如果你需要更多建议，可以就近到嗜酒者互戒协会的分部去咨询。

## 成文规范

把麦肯锡发展到今天这个程度的马文·鲍尔认为，每家公司都应该有一套成文的规范和愿景，于是我写下了奥美的规范和愿景，请马文指教。第一页，我写了9个愿景，第一个就是"每年都保持利润增长"，结果马文把我臭骂了一顿。他说服务型公司如果把赢得利润排在服务客户前面，就注定会失败。于是，我把利润排到了第七位。

你会不会觉得用一套成文规范来指导广告公司的管理很幼稚？我只

能告诉你，我写下的那些规范，对于保持一家情况复杂的企业一直沿着正确的航线前进，起到了无价的作用。

## 关于利润

我从不自诩为赚钱奇才，但确实从我同事谢尔比·佩奇那里学到了一两手。他从奥美成立的第一天起就负责财务。广告公司的税后利润平均低于1%。如果你在服务上偷工减料，可能会多赚一点儿，但这会让客户弃你而去；如果你提供的服务过于慷慨，客户当然会喜欢你，但你自己会破产。

> **"如果你提供的服务过于慷慨，客户当然会喜欢你，但你自己会破产。"**

营收规模和利润不是一回事。1981年，有家公司的营收是我们的两倍，但我们的利润比它高得多。

广告公司增加新的服务项目，和大学增加新课程是一样的，终止已经失去意义的服务，是完全没有问题的。想要船只在水上顺畅航行，你得不断刮掉船底的赘生物。

12家规模最大的广告公司中，有7家是上市公司。在过去10年里，它们的股价上涨了439%，而标准普尔500指数的增长率是37%。

许多证券分析师仍然认为，广告公司是一项糟糕的投资，但全球最伟大的投资人之一沃伦·巴菲特不这么想。他已经在三家公开发行股票的广告公司获得了稳固的股权地位，他的观点也被广泛引用："最好的生意本身只需要很小的资本，但能从他人的增长中获取版税式收益……顶尖的国际化广告公司就是如此。"

阅读报纸上关于广告业的版面，你会觉得这个行业充满了危险的不稳定性，因为报纸只报道客户从一家广告公司转到另一家广告公司之类的事儿。其实，美国整个广告业每年度的客户变动率只有4%。

1972 年排名前 25 的广告公司，在 11 年后的今天，仍有 24 家位居前 25；10 家最大广告公司中的 8 家，已经更换了五代或者六代管理层，只有奥美仍在由创办人执掌。

## 如何赚钱

你有两种收费模式可选：传统的佣金模式和新兴的服务费模式①。服务费模式有 4 个优点：

1） 广告主为他需要的服务付费，不用付太多，也不会付过少。
2） 每个收费项目都有账目明细，无利可图的项目不能挂靠到赚钱的项目上。而在佣金模式下，不赚钱的项目总能沾到别的项目的光。
3） 客户临时削减广告预算不会迫使你裁员。
4） 建议客户多做广告时，他不会怀疑你的动机。

我是服务费制度的先行者，不过我已经不再关心如何赚钱了，因为我已经获得了合理的利润。1981 年，美国广告公司的平均利润是营业额的 0.83%，你会觉得这不合理吗？

如果一个客户嫌广告公司的服务价格太高，他最终只能得到低价格和坏广告。

---

① 佣金模式：广告公司替客户向报刊、电视、广播媒体购买时间和版面，媒体向广告公司支付佣金。在这种模式下，广告公司以佣金形式获得服务报酬，而不是直接因提供服务向客户收费。——译者注

## 利润的用途

首先，你要交 52% 的企业所得税。如果你把余下的利润作为红利分配，你的股东需要再交 40% 的收入税。如果股东用红利收入来消费，他们需要再交消费税。这样，你赚的每一元钱，政府都要拿走 0.73 元。

一些广告公司会把利润投资于超出自身专业能力的行业，比如保险公司、旅行社、零售连锁企业、鱼类罐头企业、电影公司，甚至小型油料公司。最后，全都毫无意外地自讨苦吃。（我本人拒绝这样的诱惑。）

目前的风尚是把部分利润用于购买其他广告公司。当心！如果不是遇到了麻烦，极少有广告公司会选择出售。你可能会和他们的关键人物签订五年不离职的合约，以防客户流失，但是不同企业文化之间的冲突，就足够搞得你焦头烂额。

> "如果不是遇到了麻烦，极少有广告公司会选择出售。"

那么，有什么更明智的方式将利润用于投资吗？我有 3 个建议：

1）在其他城市或国家设立分支机构。这么做的好处是你不会被别人的错误拖累，而且可以坚持自己的经营理念，无论它纯洁或龌龊。坏处是新公司的开办费不会被记为资本，会导致你公司的每股收益率降低。

2）你可以买下你公司办公室所在的大厦。两年前，扬罗必凯广告公司在纽约就这么干过。

3）你可以存起一些钱以备不时之需。华尔街的人会认为这么做很蠢，但当行业景气变差时，这样的蠢货会比富于冒险精神的竞争对手活得更长久。

还有一个新花样，就是买下一些广告公司，然后仍旧让他们独立经营，甚至允许他们和你竞争新客户。有一家巨型广告公司就通过收罗杂七杂八独立运营的子公司，变成了控股公司。

## 财富

广告业赚钱最多的人是洛德·托马斯（Lord & Thomas）广告公司（现在的Foot, Cone & Bending，FCB公司）的阿尔伯特·拉斯克尔，其后是特德·贝茨、吉姆·马斯、雷·麦斯尼、克里夫·菲茨杰拉德。我估计他们平均每人赚了2000万美元。

一些人通过把广告公司卖给埃培智集团赚到了大笔财富，包括大卫·威廉姆斯、汤姆·亚当斯、阿尔·希曼、哈根·贝尔斯，我猜他们每人赚了600万美元。可敬的比尔·马斯泰勒把广告公司卖给扬罗必凯，赚得可能更多。埃斯蒂公司（Esty）卖给贝茨、康普顿公司卖给萨奇兄弟公司时，他们的资深合伙人也是一样的。

扬罗必凯的埃德尼，是唯一不通过出售公司或者上市赚到了巨额财富的现任广告公司领导人。无论赚了多少，都是埃德尼理所应得的。

## 五个建议

1) 永远不要让两个人干一个人就能干好的活儿。乔治·华盛顿说："任何情况下，如果一个人就足够履行某个职责，派两个人去做，一定会做得更差，派三个或者更多人去做，就鲜少能完成。"

2) 永远不要传话叫人来你的办公室，那会吓着他们。你要去他们的办公室找人，不要事先打招呼。一个从不在公司游荡的老板会变成一个别人看不见的隐士。

3) 希望别人有所行动，你要口头沟通。希望会议得到你想要的结果，你要自己去参会。记住这句法国谚语："不在场的人总是错的。"

4) 使用和你客户的产品有竞争关系的产品是错误做法。服务于西尔斯·罗巴克百货时，我开始在西尔斯买所有衣服，这让我妻子很生气。不过第二年，一个服装制造商大会票选我为美国

得到劳斯莱斯的业务时，我遵从了自己使用客户产品的规矩。其他劳斯莱斯车主有拉迪亚德·吉卜林[1]、亨利·福特一世[2]、欧内斯特·海明威、巴顿·鲍威尔[3]和列宁。我的这辆车开了22年。

---

[1] 英国作家，诗人。——译者注
[2] 此处指福特汽车公司的创始人亨利·福特。——译者注
[3] 巴西音乐家，世界级原声吉他大师。——译者注

最佳着装男士。我不会考虑用除美国运通之外任何一家公司的旅行支票，不会喝麦斯威尔之外任何一个品牌的咖啡，不会用多芬之外任何一个品牌的香皂。现在，奥美服务的品牌已经超过了2000个，我个人的购物清单也变得越来越复杂。

5）永远不允许你自己享受写投诉信的畅快。第一次乘船横渡大西洋后，我写信给旅行社，抱怨玛丽皇后号上的服务太差、装修太俗气。3个月后，他们见到我的投诉信时，我们刚好正在争取冠达邮轮这个客户。过了20年，他们才肯原谅我，把业务交给奥美。

# 05.

## 如何赢得客户

Ogilvy

标题：大客户来啦

引自小克莱尔·班纳斯《白领动物园》

　　在这儿，我还要自夸一下。做文案撰稿人和广告公司的管理者，一定有人比我强，但我怀疑在赢得新客户上应该没有人能超过我。

　　在《一个广告人的自白》中，我说了我是如何开始的：我列了一个最想拿下的客户名单，包括通用食品、利华兄弟公司、百时美公司、金宝汤公司、壳牌等。虽然拿下它们需要时间，不过在计划时间内，我将它们一一收入囊中，还加上了美国运通、西尔斯·罗巴克、IBM（国际商用机器公司）、摩根担保、美林证券以及不少其他客户，包括三个政府部门。尽管后来有些客户离开了，不过这些客户迄今为止为奥美带来的营业额，总计已经超过 30 亿美元。

　　我的原则和 J. P. 摩根一样："做一流的生意，用一流的方式。"不过最开始，为了支付租金，我只好能拿到什么生意就做什么生意。当时服务过的产品有一款专利发刷、一只陆龟、一款英国摩托车。

　　不过，我也很幸运，虽然当时得到的 4 个客户广告业务规模不大，但它们让我有机会做出看起来很像样的广告，引起人们对一家新广告公司的注意。这些客户是健力士、哈撒韦、舒味思和劳斯莱斯。

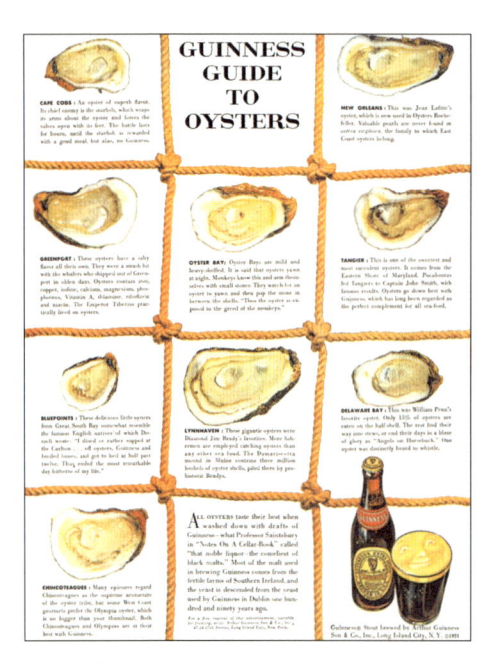

左标题：健力士生蚝指南
右标题：穿哈撒韦衬衫的男人

> **"要想赢得客户，你得做出好广告。"**

赢得新客户最容易的方式，就是做出好广告。曾经连续 7 年，争取新客户时我们从未失手，靠的只是给他们看我们做过的广告。有时，甚至连这件小事都不用做。有一天下午，一个男人未经预约就来到了我的办公室，把 IBM 的广告业务交给了我们。他了解我们做过什么。

空前的连续成功让我自负起来。当安东·鲁珀特博士告诉我他打算把乐富门香烟引入美国市场，并由我来做广告时，我傲慢地拒绝了他，他很生气，说："奥格威先生，希望你走下坡路时，我能再见到你。"之后我们有25年没见面，直到我们都成为世界自然基金会执行委员会成员。他是个好人。

近年来，制造商们开始把选择广告公司的程序毫无道理地复杂化了。他们先要向一打以上的广告公司寄送调查问卷，问些像这样的白痴问题："你的印刷广告部门有多少雇员？"我会回答："我一点儿都不知道，我有7年没待在那个部门了。为什么你认为这很重要？"

如果你比我礼貌得多，而且对所有问题给出了得体的回答，你的公司会进入候选名单，他们会派一个代表团来考察你的公司，并问你会收多少比例的佣金。如果他们问到我，我会回答："按照价格来选择广告公司，你会本末倒置。你真正应该关心的不是要为广告公司的服务付多少钱，而是你的广告的销售力。"

左标题：舒味思的人来到此地
右标题：是否每家大公司都该为总裁买一辆劳斯莱斯？

05　如何赢得客户

负责选择广告公司的人对你给其他制造商做过的广告一丁点儿兴趣都没有，他们想知道你能为他们做什么。所以，他们会邀请你分析他们面临的市场问题，制作出一个电视广告成品，然后交付测试。如果你的作品测试结果好于竞争对手，这个客户就是你的了。

现在，一些广告公司每年花费多达50万美元用于新生意的提案，他们认为如果能赢得一个客户，并持续为其服务20年，就能领先于同行。没钱如此豪赌的广告公司，在争取客户时则会处于不利地位。

然而，想选出最好的广告公司，这个漫长且昂贵的选择过程并无必要。能持续数年稳定产出最佳广告的广告公司，并不见得正好有运气在比稿限定的几周时间内做出测试效果最棒的广告。所以下一章，我会建议用一个更好的方法选择广告代理商。

## 提案会

在提案会上，不要安排客户和你们的人像对手一样分坐会议桌的两边，要让所有人混坐在一起。

开会前一定要演练，但一定不要拿着一份事先准备好的讲稿照本宣科，那样会把你自己锁定在一个对会议来说无关紧要的位置上。

最重要的是倾听。倾听潜在客户越多，你就越容易判断自己到底想不想拿到他的广告业务。美格的一位前负责人曾经对着我讲了两个小时的广告，而事实上他对这个行当一无所知，于是我就端茶送客了。

在潜在客户发现你的弱点之前，你就主动告诉他，这会让你在吹嘘强项时显得更加可信。

别喋喋不休地介绍你的历史或者以往做过的调查研究，那会让潜在客户昏昏欲睡。没有制造商会因为这家广告公司提升过其他制造商的市场份额而雇用它。

提案会的第二天，给潜在客户寄一份三页纸的信，简要陈述为什么他应该选择你的公司，这会帮助他做出正确的决定。

如果你的业务实力不足，靠自己的力量无法赢得客户，也可以依靠收购——买下他们的广告代理商。不过此法可能事与愿违。阿道夫·托伊戈曾经用这种方式把伦南 & 纽厄尔（Lennen & Newell）公司的营业额提升到原来的 5 倍，却无法将原公司和新收购的公司整合成统一的整体，结果联合体内争吵不断，公司以破产告终。

## 信用风险

要当心信用风险。你的利润空间太小了，根本不足以帮你挺过潜在客户的破产事件。当对客户的财务状况有疑问时，我通常会向他目前广告代理商的头儿打听一下。

永远不要向声称可以帮你介绍新业务的外人支付佣金。通过这样的引荐方式选择广告公司的客户不值得拥有，而且这样的选择中通常隐藏着内幕交易。创办公司 6 个星期后，因为太渴望有生意可做，我答应一个泛泛之交的年轻人，如果他能把手头的一个真空吸尘器客户带到奥美，我会给他 10% 股份。如果当时他答应了，他在奥美的股份现在会值 1900 万美元。幸好没有成交。

多年后，我年岁渐长，人也愈加明智，一位名叫本·索南伯格的公关操盘手问我，如果他把灰狗巴士的广告业务引入奥美，我能给他多少比例的股份，我回答说"零"，他认为我疯了。

不要和道德观与你不一致的客户打交道。我就拒绝了露华浓（Revlon）的查尔斯·雷夫森和仙蕾（Schenley）的卢·罗森斯蒂尔。

**"不要和道德观与你不一致的客户打交道。"**

也要当心那种现在在广告上投入很少，甚至

没有广告费，但号称将来会变成大金主的客户。服务这样没什么钱可赚的客户会非常昂贵，而且他们极少真的成功。当然，也有例外。有一次我就犯了这样的错误，拒绝了一家生产办公设备的小公司，因为觉得它名不见经传。那家公司叫施乐。

广告公司之间的差异，其实没有人们认为的那么大。绝大部分广告公司都能向你展示，它们做的某某广告帮助客户提升了销量，也都有非常能干的媒介部门和市场调查部门。拜通货膨胀所赐，几乎所有广告公司的营业额都在增长。那么，它们之间的差异到底在哪儿呢？

争取新业务时，起决定作用的差异往往是广告公司领导者的个性。很多客户选择FCB，都是被法克斯·科恩的风格打动。反过来，潜在客户因为不喜欢广告公司领导人的个性而不选择那家公司的情况也时有发生。我本人的个性，就让我失去了一些新业务的机会，也获得了另外一些机会。

**题外话：**我拒绝客户的次数，五倍于我被客户雇用的次数，而且拒绝的原因都是一个：客户的行为会削弱奥美公司服务团队的士气。士气的降低会对广告公司造成绝难以容忍的伤害。

## 赢得跨国客户

如果你赢得了一个既在本土市场又在海外市场做广告的客户，就很可能在全球范围内赢得它们的广告业务，我称之为获得新业务的多米诺效应。智威汤逊、麦肯和扬罗必凯都是因为遇到有跨国广告业务需求的客户，像通用汽车、可口可乐、埃索石油和通用食品，而建立起自己的海外网络的。得到壳牌在美国的广告业务时，壳牌总裁马克斯·伯恩斯问我愿不愿意同时在加拿大为他们提供服务，"当然愿意，"我回答说，"不过我在加拿大还没有分公司。"马克斯说："那就建一个。"由此，我开始建设公司的海外网络，目前已经延伸到40个国家。

在这种情况下，你需要和所在国家的本土广告公司竞争。它们习惯于用国旗把自己包裹起来，要求本国政府予以保护，以对抗外来入侵者。它们会指控我们将外来文化强加给本国消费者，在本土文化不够强大的国家尤其如此，而且在某些情况下，它们的申诉会被政府采纳。加拿大的政府部门就只雇用本国的广告公司，尼日利亚更是驱逐了所有的跨国广告公司。

/ 跨国客户会推动它们的广告代理商进入国际市场。奥美建立起全球性广告公司网络，要归功于
    壳牌。这是奥美法兰克福分公司为壳牌做的广告。

事实上，几乎所有美国广告公司的海外分支机构都由当地人管理，即便他们足够愚蠢，想在当地推行美国文化，也不知如何着手。

---

创办广告公司的老一套方法，是叛出现在的公司，并带走一些客户。特德·贝茨就是这样从本顿和鲍尔斯公司带走他负责的客户，创办了自己的广告公司的。不过从那以后，这种做法被法律禁止了。曾经有一位广告商琼斯，经营着一家业务很不错的广告公司，但他本人是个酒鬼，总在提案会上睡大觉，他的同事们都求他赶快退休。当情况变得让人忍无可忍时，那些人跑到街对面，成立了自己的广告公司，带走了一些客户。琼斯向法院控告他们合谋搞破坏，并且打赢了官司，那些人为了向琼斯支付巨额赔偿，不得不付出关闭公司的沉重代价。

1981年，新西兰一家广告公司也成功告赢了带着17个员工和9个客户从公司出走的前任总经理和创意总监。亲爱的读者，我就此事警告过你了哦。

运气好的话，你会获得有成长性的客户。1962年我接手美国运通的广告业务时，他们的年度广告预算只有100万美元，现在是7000万美元。

当了广告公司的头儿，你就会明白，下属对你最大的期待就是带来新业务。你如果很长一段时间都没做到，就会感到正在失去他们的信任，因此会试图抓住任何一个你能得到的客户。不要这么做。最重要的是，不要让你的公司加入陪伴日薄西山的品牌走向死亡的悲伤行列。泛美航空当年遭遇困境时，把广告业务从智威汤逊转到了卡尔·艾力，而智威汤逊已经服务了泛美航空29年，一直做得非常出色。7年后，泛美业绩继续下滑，它转到了 N. W. 艾尔公司；3年后，转到了 DDB 公司；6个月后，是 Wells, Rich, Green 公司。不过，这样的不稳定极其少见。美国电话电报公司、通用汽车和埃克森石油公司已经雇用同一家广告代理商超过 70 年；杜邦、通用电气、宝洁、斯科特纸业公司已经雇用同一家广告代理商超过 50 年。

了解整个营销业界如何看待你的公司非常重要。别相信你听到的，你只会听到赞许。负担得起的话，更稳妥的方式是聘请调查公司做一次中立调查。如果报告显示了公司声誉上的一些瑕疵，你就可以着手修正它。改善声誉所需的时间会超出你的预期，因为舆论总会滞后于现实。

如果你有志于让自己的客户组合覆盖广泛多样的行业，就必须有能力做出不同类型的广告。只会做包装商品广告的公司，没有能力服务公司客户；总是做感性广告的公司，也不大可能被电动工具制造商选中。你能做的广告类型越广泛，能接到的客户类型就会越多样。

你吸收的人才，总体上也应该具备广泛的才能。广告公司应该像一个管弦乐团，能用同样的高超技艺，演奏从帕莱斯特里那[1]到让·米歇尔·雅尔[2]的音乐作品。

## 大公司和小公司

小型广告公司很难赢得大型客户，因为无法负担服务大型客户所需的那些专门部门，包括地区分公司、市场调查部门、促销部门、直邮广告部门、公关部门等等，也无法部署充足的人手与客户方对接。而且，失去大客户的风险也会吓坏他们，让他们无法保持独立的判断，而独立判断恰恰正是广告公司面对客户时最重要的价值。

另一方面，广告公司发展得越大，就越容易变得官僚主义。个性化

---

[1] 意大利文艺复兴时期作曲家。——译者注
[2] 当代电子音乐大师。——译者注

的领导让位于等级制度，领导在电梯里再也认不出他的员工。我发现，奥美公司规模还很小时，在这儿工作是件特别让人愉快的事，但是，我渴望赢得大客户，所以除了把它发展成一家大型广告公司，我别无选择。

尽管如此，小型广告公司的数量仍会多于大型广告公司，它们并非濒危物种。凭借有限的资源，它们也能表现得出类拔萃，甚至优于大型公司。创造性和规模无关。小有小的美好。

## 医者自医

我很奇怪，为什么为自己做广告的广告公司如此之少。可能是合伙人无法就在广告里说什么达成一致吧。有人想提升公司的"创意"声誉，有人想让潜在客户对公司的营销技术产生深刻印象，还有人希望新业务接踵而至。动手为自己的公司写广告前，一定要确定你到底想要什么。

为你自己的公司做广告，直邮可能是最有效的媒体。如果你能凑到足够的钱，也可以使用报刊媒体——但是不要轻易启动，除非你想一直做下去。扬罗必凯公司在每一期《财富》杂志上做广告，一直坚持了40年。

且不说你的文案撰稿人写的企业广告能不能让同行钦佩，你的艺术指导设计的企业广告版面能不能让同行景仰，但可以肯定的是，时髦的版面设计和花哨的文案，不会给潜在客户留下深刻印象，他们关心的是财务、产品和销售。只有能像顶尖企业家一样思考的文案撰稿人，才够格为自己的公司写广告。他们还应该具备足够的耐心，我用了22年时间，才让合作伙伴们批准我为奥美写第一套企业广告。

这套广告的目标是表现奥美更懂广告。你可能会质疑这个战略不够明智，因为有知识并不能保证有"创造性"，但至少它很独特，其他广告公司没法做这样的广告——他们缺乏必要的知识。我写的这些广告，

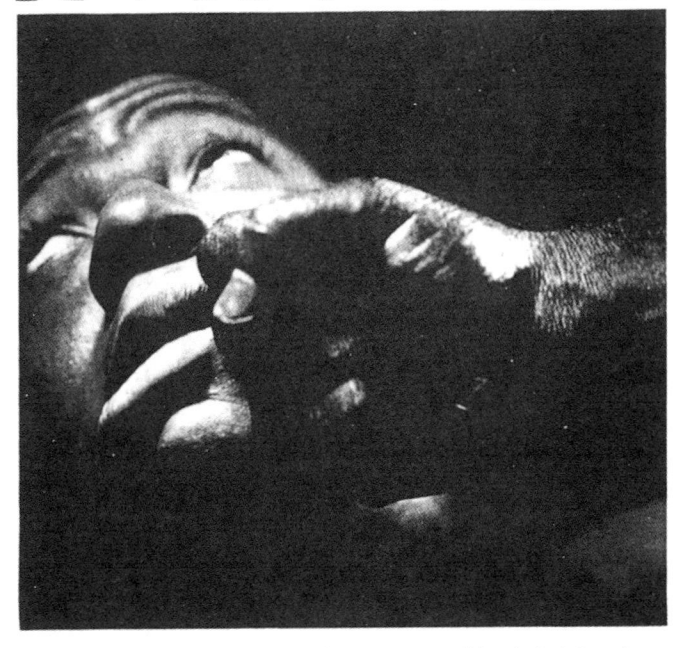

> 标题：冲击力
> 正文：对韦伯斯特来说，冲击力是一个身体对另一个身体的迅猛一击。
> 对扬罗必凯来说，冲击力是广告的一种特质，瞬间击中读者，让他们从漠不关心变得兴致盎然，为接收销售信息做好准备。

广告公司极少为自己做广告，但扬罗必凯公司在每一期《财富》杂志上做广告，一直坚持了 40 年。此系列的第五个广告，我认为是有史以来最杰出的广告公司企业广告。文案由雷蒙德 · 罗必凯撰写，艺术指导是沃恩 · 弗兰纳里。

奥格威谈广告

不仅承诺我们拥有有价值的信息,而且直接把这些信息提供给读者。这套广告在很多国家都奏效了。

但要小心:你的客户也会读你的企业广告,如果你吹嘘自己公司有熠熠生辉的创意天分,他们就会质问你,为什么没给他们做出那些好创意来?

/ 标题(从左至右,从上到下):
如何做出有效的企业广告?
如何做新产品上市广告?
如何让促销带来更多利润?
你该在广告上花多少钱?
如何为旅行产品做广告?
如何做有销售力的食品广告?

奥美通过这套广告,让潜在客户了解到我们拥有广泛的专业知识。

# 06.

## 公开信：
## 致正在寻找
## 广告代理公司的客户

Ogilvy

尊敬的先生或女士：

如果你决定雇用一家新的广告代理商，请允许我给出一个简单建议。

别把选择权交给由难缠的小人物组成的委员会。他们通常会选错。你要自己选。

先翻阅一些杂志，把那些让你艳羡的广告撕下来，弄清楚是哪些广告公司做的。

再看三个晚上的电视，记下那些让你艳羡的电视广告，也弄清楚是哪些广告公司做的。

这样，你就得到了一份广告公司名单。查明其中哪些正在为你的竞争对手服务——你没办法再用它们。

之后，你会得到一份短名单。约见这些公司的领导人和创意总监，确保你们之间有足够好的"化学反应"。愉快的结合能诞生丰硕的成果，不愉快的结合则不能。

但是，不用要求见未来可能被派来为你服务的工作人员。你可能发现他们很合你的意，但你没办法判断他们的能力；你也可能发现他们让你反感——一些最有才华的人的确如此。有一次，一位潜在客户错过了选择奥美的机会，仅仅因为我引荐给他的那位很能干的文案撰稿人留着一头长发。

接着，要求那些让你感觉很愉快的广告公司提供他们自认为做得最好的 6 个印刷广告和 6 个电视广告。选择作品让你最感兴趣的那家。

询问他们如何收费。如果他们收 15%，你坚决要求付 16%。多付一个百分点不会让你破产，但会让广告公司的常规利润翻倍，你也会得到更好的服务。无论你愿不愿意多付一个点，都要记住，一定不要就广告公司的报酬讨价还价。我听说一家大公司坚持让广告代理商和他们的采购部门商谈合作条款，好像广告公司卖的是办公家具一样。他们会对律师和会计师这么做吗？

坚决要求签一份 5 年的合约。这会让你的广告代理商非常开心，也可以避免他们被你的竞争对手用更高的广告预算诱惑，中途放弃你的业务。

现在，你有了自己的广告代理商，你打算用好他们吗？有的客户会不停地咒骂广告公司，有的则不断激发广告公司的灵感和士气。每个客户都会从广告公司得到他们应得的那种广告。

养犬不必自吠。任何一个傻瓜都能写出一个坏广告，但真正的天才不会去碰好广告。有一次，我刚给西尔斯·罗巴克董事会主席查理·凯尔斯塔德看完一个我们新做的广告，他的审计师恰好走进来。那位审计师拿起广告来读，并从口袋里掏出了一支钢笔，凯尔斯塔德马上厉声说道："把你的钢笔放回去。"

"任何一个傻瓜都能写出一个坏广告，但真正的天才不会去碰好广告。"

每年都要交给广告代理商一份正式的报告，评估他们的年度表现。这份报告可以成为对一些不良状况的早期预警，忽视这些不良状况，相关各方都不会有好处。

/ 标题：献给加拿大人民
　　　加拿大独立 100 周年纪念
　　　来自美国人民

**养犬不必自吠。阿瑟·霍顿请我为史都本玻璃做广告时说："我们负责做最好的玻璃制品，你负责做出最好的广告。"这是个令人赞赏的分工。**

一家全球顶尖的大公司，让 5 个层级的人介入他们可能并不在行的广告事务，5 个层级都有否决权，但只有 CEO 有权最终批准广告。别让你的广告代理商承受来自两个以上层级的压力。

即便是最优秀的文案撰稿人，脸皮也会很薄。如果你不得不拒绝他们的作品，态度一定要特别温和；但如果他们做得特别棒，就一定要把他们夸上天。他们是会下金蛋的鹅，你得激励他们持续下金蛋。我遇到过的最善于鼓舞人心的客户是波多黎各政府经济发展负责人特德·莫斯科索，雇用我们那天，他对我说："开始做广告之前，咱们要先确定想把波多黎各变成什么样。是拉丁美洲和美国之间的桥梁？老式西班牙文化的乐土？还是现代化的工业园区？"我们就此讨论了一个通宵。之后，

/ 标题：一个15岁女孩眼中的波多黎各复兴

**波多黎各系列广告之一。这个广告是受我最能鼓舞人心的客户、波多黎各政府经济发展负责人特德·莫斯科索的启发而创作的。**

# Renaissance in Puerto Rico
## —as seen by a girl of fifteen

THE HIGH SCHOOL GIRL in the foreground of our photograph is fifteen. When she was born, Puerto Rico was a "stricken land."

We wish you could be here to talk to this Puerto Rican girl today.

She might start by telling you about everyday things. The good food her mother buys in the new supermarket. The new house her family lives in. Her father's job in one of Puerto Rico's new factories.

Then, as she warmed up, she would probably have something to say about her lessons and her teachers. How they teach her two languages—Spanish *and* English. How they take her to museums and art exhibitions and concerts.

And she would surely want to tell you about the interesting television programs that she and her classmates watch on Channel Six, an admirable new station in San Juan. Channel Six is an *educational* station. And it broadcasts to a larger area than any other educational television station in the Western Hemisphere.

Education is one of the chief goals of Puerto Rico's remarkable new Operation *Serenity*. It receives nearly a third of Puerto Rico's entire budget. No other country except Israel spends so much of its budget on education.

Beyond this, the Commonwealth will actually dip into emergency funds to help a gifted student continue his studies.

Today, one third of Puerto Rico's total population is going to school—grade school, high school, vocational school, or one of the island's universities.

Puerto Rico is proud of her spectacular industrial renaissance. But this "sunny, scrubbed, and cultured land" is prouder still of the way her people are putting their prosperity to use.

©1960 – Commonwealth of Puerto Rico    666 Fifth Avenue, New York 19, N.Y.

◀ Between classes at the Central High School in San Juan. Central High is especially proud of having built its own historical museum, and of having won the Puerto Rican basketball championship. Photograph by Elliott Erwitt.

每次我提出什么能激发他想象的建议，比如在圣胡安搞一个音乐节，莫斯科索都会记到他的小笔记本上，然后很快付诸行动。莫斯科索的长官穆诺兹·马林总督也是如此，我觉得如果他在美国，能做个很好的总统。后来他们的政党在竞选中失败，新当选的共和党总督将波多黎各的广告业务转到了曾负责他竞选活动的那家广告公司，我哭得从来没有那么伤心过。

## 业务冲突

按照惯例，广告公司不能同时服务于一家以上的同品类客户。比如，如果我已经在为甲品牌的鞋油做广告，就不能再接手乙品牌鞋油的广告业务。如果广告代理商违背了这一惯例，一些客户会反应激烈，直接解约。

这听起来很简单，却是个危机四伏的雷区。打个比方，我们手头已经有了一个鞋油客户，但另一家现有客户决定开始做鞋油生意，我们该怎么办？再打个比方，奥美维也纳分公司有一个鞋油客户，但另一家鞋油厂商找到了我们的吉隆坡分公司，那么这个业务我们接还是不接？

一些客户还把限制范围扩展到涵盖任何可能间接影响他们销售的产品。比如我们现在有一个鞋油客户，然后一家凉鞋厂商想把广告业务交给我们——他们生产木质凉鞋，这种鞋用不着鞋油——我们又该怎么办？

对业务冲突的这些限制，长期困扰着广告公司。对于这些限制，麦肯锡的马文·鲍尔说：

> 客户出于信息安全的考虑而制定的限制广告代理商服务于竞争对手的政策，其实不太站得住脚。现实点儿说，服务于一

对竞争对手的工作人员之间纯粹的信息交流活动对双方的利益都不会造成伤害。当然，任何一家负责任的服务机构都不会这么做，事实上，他们连因疏忽造成的信息交换都会尽力避免。尽管如此，作为一个多年负责保守此类机密的人，我仍然完全相信，即便是具有直接竞争关系的公司，它们的历史、架构、做生意的方式、人们的态度、运作规则和程序通常都大不相同，信息交换对双方都没什么损害。

如果我是你，想因广告代理商犯下"重婚罪"而解雇他们时，我会再慎重考虑考虑——另一家广告代理商可能不会为你做出现在这么好的广告，"面子"是个昂贵的奢侈品。

大卫·奥格威

又如：如果你的广告业务规模太小，打动不了一家好广告公司，你可以找一位经验丰富的退休文案撰稿人，付费请他来帮你做广告。他会很愿意重新披挂上阵，也会很欢迎你的报酬。

# 07.

## 期待：
## 印刷广告的复兴

上帝隐藏在细节中

# Ogilvy

广告人发现，做电视广告远比做报纸和杂志广告让人兴奋，电视广告制作者即便在创意上能力平平，也能让广告看起来还不错。冬天，他们开开心心地到令人向往的度假胜地去拍摄外景，而印刷广告的同行则只能留在冷冷清清的原地忍受严寒。

前两天，我读到一位食品公司高管的强烈呼吁：

> 电视媒体正在吞噬一切，你得像梳羊毛般找很多家广告公司，才能找到能做出不错的印刷广告的老手，其他公司只会一次又一次地做，完全不知道什么样的广告能提升销售。
>
> 可笑的是，食品广告做到今天，其实是有万能的公式的，只要用上，就能抓住妇女们的注意力，把广告信息植入她们的头脑。理解了这些公式，即便是新手品牌经理，也能有效组织好食品广告；而聪明的高手，则能用不可思议的方式，让妇女们从报纸杂志上撕下你的广告，塞进厨房的抽屉。
>
> 试着把这些告诉广告公司吧，他们对食品广告的基本规则几乎一无所知。告诉他们公式吧，他们脆弱的创意头脑已经干瘪得不成样子了。

广告人印刷广告专业知识匮乏，是烟草制造商和其他不被允许使用电视广告的广告主们面临的严峻问题。同时，对那些正不辞辛苦地获取印刷广告知识的文案撰稿人和艺术指导们来说，这也是一个绝佳机会。

这一章，我会公开我所掌握的印刷广告知识。其中一些观点，我在其他书里也写过，但仍不得不在这里重复，因为它们依然有效。年复一年，从一个国家到另一个国家，消费者对不同类型的广告标题、插图、版式和文案的反应始终如一，这一直让我非常吃惊。

我的印刷广告知识，主要源自对广告要素的分析，包括盖洛普公司、罗宾逊公司、斯塔奇读者服务公司做过的相关调查，以及直接反应广告的测试结果和我本人的观察。

## 标题

一般说来，标题阅读人数是正文阅读人数的 5 倍。也就是说，如果标题不能推销产品，你花在广告上的钱，就有 90% 被浪费掉了。

最有效的标题，是向消费者承诺某种利益的标题，像洗得更干净、每加仑①更长行驶里程、摆脱粉刺困扰、减少龋齿等等。你可以随手翻一本杂志，数一数有多少广告在标题里做了利益承诺。

包含新闻的标题也注定会成功。这些新闻可以是宣告新产品上市，宣布老产品有了重大改进，也可以是发布一种老产品的新用法，比如金宝汤配着冰块喝。比起不包含新闻的广告，一个广告中包含新闻，能让回忆起它的人平均多 22%。

---

① 1 加仑 = 3.785 升。——编者注

/ 标题：冰块上的汤

比起不包含新闻的广告，一个广告中包含新闻，能让回忆起它的人多 22%。你不一定要在广告中宣布新产品上市，像这个广告一样，发布老产品的新用法同样奏效。

如果你很幸运，正好有新消息要宣布，一定不要把它埋没在正文里，90% 的人不会去读正文。你要在标题里就大声且清晰地告诉你的读者，而且别嫌弃"惊人的、隆重推出、从现在开始、突然"之类的词语，实践证明，它们都很有效。

为读者提供有用信息的标题，像"如何赢得朋友并影响他人"，吸引到的读者数量也高于平均水平。

建议你在标题里写进品牌名称，如果不写，80% 的读者（他们也不读正文）永远不知道你做的是哪家产品的广告。

如果广告中的产品只有少数人才会购买，就在标题里写上一个能吸引他们停下来看看的词，像哮喘、尿床者、35 岁以上的女性等等。

斯塔奇读者服务公司的研究报告说，长度超过 10 个词的标题，阅读人数会少于短标题。另一方面，一项对零售商广告的研究发现，10 个词的标题比短标题卖出更多商品。总的说来，如果你有必要写一个长标题，那就尽管写；如果你想写一个短标题，也没问题。著名的短标题"柠檬"（Lemon）对大众汽车在美国的成功贡献良多。

细节比概述更有效。调查表明，普通消费者认为西尔斯·罗巴克百货的销售利润是 37%，我写了一个广告，标题中说："西尔斯只赚 5% 的利润"，这比西尔斯的利润"比你想象得少"或者其他含糊不清的说法，都要有说服力得多。

给标题加上引号，广告的回忆度平均提升 28%。

在地方报纸上做广告时，把城市名称写进标题会收到更好的效果。人们对自己住的地方正在发生什么事最感兴趣。

一位心理学家做过一个测试：他在屏幕上依次显示数百个词，用一个电子装置测量人们的情绪反应。得分最高的是"亲爱的"（darling），于是我在多芬广告的标题里用了它。

/ 标题：柠檬。

一般说来，长标题卖出的商品多于短标题。这个只有一个词的短标题是这个规律的一个例外。

07 期待：印刷广告的复兴 121

/ 标题：在西尔斯边买边省钱
副标题：他们的利润低于 5%

细节比概述更可信，也更难忘。所以我在这个广告里特别写道：西尔斯的利润低于 5%。

/ 标题：明尼阿波利斯：零下 2 度！

在地方报纸上做广告时，把城市名称写进标题会收到更好的效果。人们对自己居住的地方正在发生什么事最感兴趣。

/ 标题：亲爱的，我正在经历最神奇的体验……
副标题：我深陷在多芬里了！

我在这个标题里使用了"亲爱的"，因为一位心理学家在测试了几百个词的情绪影响力之后发现，"亲爱的"最能影响情绪。不过当时我并没有意识到，洗澡时使用电话是件危险的事。

/ 标题：如何去除各种污渍
副标题：使用林索，按照下面这些简单的指南操作

包含有用信息的广告，通常比只讲产品的广告多吸引 75% 的读者。这个广告讲解林索（Rinso）如何去除各种污渍，阅读并记住这个广告的人数高于有史以来所有调查过阅读数据的洗衣粉广告。但是这个广告永远不该刊登，因为它"脱靶"了——没有传达已经商定的"林索洗得更干净"的销售承诺。图中展示了各种各样的污渍，其中那滴血是我的，我是唯一一个真的为客户流过血的文案撰稿人。

一些文案撰稿人会写充满机巧的标题：使用模棱两可的词，说双关语，或者用其他费解的说法。这样做会适得其反。在一张普通报纸上，你的广告要和350个同类竞争，读者会快速穿越广告的密林，所以标题必须用电报式语言把你想说的意思说明白。

一些标题是"瞎"的，既不说产品是什么，也不说它能为你做什么。这样的标题，回忆度会比平均水平低20%。

在决定广告的成败上，标题比广告中的其他因素要重要得多，所以最蠢的事，莫过于刊登一个没有标题的广告——那是和消费者打"哑谜"。

想得到更多撰写标题的指导，你可以读读约翰·卡普尔斯的著作《经过测试的广告方法》。

## 我最喜欢的标题

一款治疗脱发的绵羊油：你见过秃顶的绵羊吗？

一种痔疮药：要么寄钱给我们，让我们治好你的痔疮，要么留着钱，也留着痔疮。

## 插图

有人说，一图抵千词。万宝路广告上的牛仔照片、埃利奥特·厄威特[1]为波多黎各广告、法国广告拍摄的照片都是最好的例证。

以下是让插图充分发挥作用的15个方法：

---

[1] 美国纪实摄影大师。——译者注

1) 插图的主题至关重要。如果你对插图没有一个引人注目的构思,摄影大师也救不了你。

2) 最有效的照片是能唤起读者好奇心的照片。他会扫一眼照片,自言自语道:"这是怎么回事?"然后,就到你的文案中去找答案。哈罗德·鲁道夫把这种神奇的元素称为"故事诉求",并且用市场调查结果证明,照片中加入的故事诉求元素越多,读这个广告的人也会越多。

标题:哈撒韦唤醒条纹格呢

眼罩为这个广告增添了神奇的"故事诉求"元素。广告模特是兰格尔男爵,他在镜头前总是习惯性地摇摆,我们只好用带子把他绑在一根铁管上。

/ 标题：向无法在场的人致哀的悲伤时刻，摄于去年波多黎各卡萨尔斯音乐节……

3）如果没有故事可讲，让商品包装成为插图主题也是个不错的主意。

4）在插图中展示使用产品的最终效果很有好处。使用前后的对比照片会很吸引读者。盖洛普公司曾经研究过70例此类广告，发现均能提升销售。

5）我刚到麦迪逊大道时，绝大多数广告都是用绘画做插图。后来人们发现，照片更能吸引读者，

/ 使用前后的对比照片会很吸引读者。比如奥美米兰分公司做的这个广告，左边照片里的植物没用过 Baysol，右边的用过。

07　期待：印刷广告的复兴　127

显得更可信，也更容易被记住。我接手"欢迎来不列颠"的广告时，用照片替代了前广告代理商使用的绘画，结果阅读人数升为原来的3倍，后来为英国旅游观光业做的广告也是如此。直接反应广告主发现，在广告中使用照片，会吸引更多人索取优惠券；百货公司广告主则发现，照片有助于卖出更多商品。尽管如此，因为一些报纸的照片印刷效果实在太差，有时使用白描绘画反倒会让画面更加生动。我就曾经发现，速写风格的广告插图比照片插图卖出更多的 Thom McCan 鞋。

6）如果人们已经看过你的电视广告，在印刷广告中使用他们已经认识的电视广告人物，会让回忆度猛增。

7）让插图画面尽可能地保持简单，并且聚焦一个人物。拥挤的画面没有吸引力。

8）不要把画面上的人脸放大到比真人还大，那样可能吓跑读者。

9）历史主题的画面会让大多数读者厌烦。

10）不要假定能让你感兴趣的主题就必然会引起消费的兴趣。作为前厨师，我认为每个人都对厨师感兴趣——直到我让他们出现在广告中。那个广告的目标读者是家庭主妇，结果阅读数量极其可怜。在金宝汤的一位朋友告诉我，他也发现，家庭主妇们都很讨厌厨师。

11）我哥哥弗朗西斯曾经问《每日镜报》的一位主编（一个土生土长的伦敦人）哪种照片更吸引他的读者。那位主编说："全世界的人都喜欢看婴儿、动物以及任何可以称为性的东西。"今天仍是如此。

12）为盖洛普博士工作时，我发现爱看电影的人对同性演员更感兴趣，而不是异性演员。人们更喜欢去看自己认同的电影明星来确认自己。这种效应也同样存在于广告中。如果你在广告里用

/ 标题：一切都洁白无瑕的时刻——有林索，不着急

**作为前厨师（下），我认为家庭主妇们会像我一样，觉得林索广告中的照片很有趣，然而她们并没有。**

了女性的照片，男性就会自动忽略你的广告。

13）四色印刷的广告比黑白印刷的广告贵50%，但记忆度高100%。这笔买卖很划算。

14）我实在忍不住引用这几句诗，因为它们对如何使用插图给出了特别宝贵的建议：

如果客户唉声叹气，

就放大两倍他们企业的标识；

如果他还是不太满意，

就放上一张他工厂的照片。

只有当你无计可施，

才可以让客户在广告上露脸。

如果你的照片没有故事可讲，就让产品成为插图主题。这张照片由欧文·佩恩[1]应菲利普·萨尔伯格的邀请拍摄。广告代理商是巴黎FCB-Impact公司。

---

[1] 美国肖像摄影大师。——译者注

这个来自瑞士的广告很漂亮，但是很蠢。如果在画面上展示食物成品而不是原料，它会吸引更多家庭主妇；如果广告中有个标题，它会得到更大的阅读量；如果文案包含一些关于产品的具体细节，而不全是含含糊糊的概述，它会有说服力得多。

15）为厨房用品做广告时，在照片里展示菜肴成品而不是原料，会吸引更多读者。

## 警告

我的前同事道格拉斯·海恩斯最近证明，广告中的插图经常被错误解读。在一项试验性研究中，他遇到一位妇女，她把广告插图中的豪华酒店大堂，误认成了医院的癌症病人病房。

07　期待：印刷广告的复兴　131

# 正文

"没人读正文。"果真如此吗？这取决于两点：第一，有多少人对广告中的那类产品感兴趣。很多女性都会读食品广告的文案，但只有极少数女性会读雪茄广告的文案。第二，有多少人已经被你的插图和标题吸引，来阅读这个广告的正文。

平均有 5% 的杂志读者会读广告正文，这个数字听起来并不高，但你要知道，《读者文摘》杂志 5% 的读者，有 150 万人之多。

尽管如此，你的广告也一定不能像是对聚集在体育场里的一群人说话一样，读广告时，他们都是一个人。想象一下你正代表客户给每一个人写信，他们是一个又一个活生生的人，完全是一对一的交流。

维多利亚女王曾经抱怨说，格莱斯顿跟她说话时，就像是在公众集会上发表演讲，她更喜欢迪斯累里的说话方式，因为迪斯累里说话时就像平常对话一样。写广告，要以迪斯雷利为榜样。

这没有你想象的那么容易。作家阿道司·赫胥黎曾经当过文案撰稿人，他说："写十首还过得去的十四行诗，都比写一个有效的广告容易。"

你无法把人们烦得受不了就来买你的产品，你只能吸引（interest）他们来买。

> **你无法把人们烦得受不了就来买你的产品。**

写短句子、短段落，不用难以理解的词，对于吸引人们阅读都很有帮助。我有一次写道，多芬使香皂"惨遭淘汰"，最后发现大部分家庭主妇都不知道这个词是什么意思，我只好换成"过时"。有一次我在哈撒韦衬衫广告里用了"不可言喻"，结果一位记者打电话问我什么是"不可言喻"，我无法解释。所以现在，我在电话旁边放了一本词典。

每次有文案撰稿人和我争辩他想用的某个难懂的词没问题，我都会跟他们说："坐上一辆大巴，到艾奥瓦去，找家农场待上一周，和农夫们聊聊天，然后再坐火车回纽约，和同行的硬座车厢乘客聊聊。如果你回来后仍然想用这个词，那就尽管用。"

要用人们日常对话的语言来写文案，就像这首打油诗：

三花炼乳最最好，

手拿一罐多逍遥，

不用挤奶头，不用抛干草，

把这家伙打个洞，你就享受到。

不要写成论说文，直接告诉读广告的人，你的产品对他有什么用，而且要用细节来说话。

把你的文案写成故事，就像"Zippo打火机的神奇故事，从鱼肚子里取出来，它仍然能打火"。有史以来写得最好的广告之一，是约翰·卡普尔斯为一家音乐学校写的广告，标题是："我在钢琴前坐下来时，人们哄堂大笑——但是，当我开始弹奏……"

我劝你不要使用类比。盖洛普发现，类比被错误理解的情况相当普遍。你在面霜广告里写"就像植物需要水分，你的皮肤也是"，读者不会完整理解这两者之间的相同之处。你在广告中展示一幅伦勃朗的画，说"伦勃朗的肖像画是杰作，我们的产品也是"，读者会认为你是在卖这幅画。

远离"我们的产品全球最佳"之类的最高级表述。盖洛普叫它"自吹自擂"。这种话说服不了任何人。

在文案中使用证言，会让你的广告更可信。读者认为，和他一样的消费者的证言，比匿名的文案撰稿人对产品的吹捧有说服力得多。有史以来最伟大的文案撰稿人之一詹姆斯·韦伯·扬说："所有类型的广告主都面临同一个问题——赢得信任。邮购商们都知道，什么都不如消费者

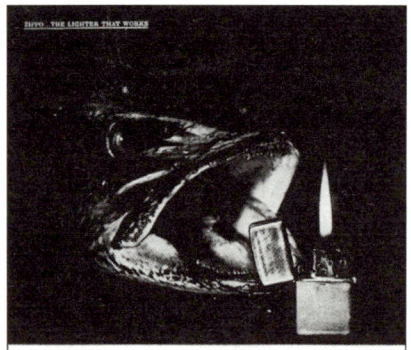

标题：Zippo 打火机的神奇故事，从鱼肚子里取出来，它仍然能打火

请注意这个广告的版面编排和故事形式，它们都包含为广告加分的因素。这个广告向消费者承诺："只要打不着火，我们都免费维修。"每天早晨，数以百计又老又破的 Zippo 打火机随信寄到，当天又被修复如初地寄回去，不收任何费用。

标题：我在钢琴前坐下来时，人们哄堂大笑——但是，当我开始弹奏……

约翰·卡普尔斯为美国音乐学校写的直接邮寄广告就使用了故事手法，收到了故事诉求的最佳效果。

134　奥格威谈广告

证言有效,但一般广告主却很少用它。"

　　有时,你可以把整个广告都做成证言形式。我为奥斯汀汽车写的第一个广告,通篇写成一位"匿名外交官"的来信,他用开奥斯汀省下的钱,送儿子去上了格罗顿中学[1]。这是个兼顾面子和经济状况的选择。不幸的是,《时代周刊》的一位编辑猜出我就是那位"匿名外交官",并要求格罗顿的校长做出评价,我只好把儿子送去了另一所学校。

/ 标题:"我用开奥斯汀省下的钱,送儿子上格罗顿中学。"
　副标题:一位匿名外交官的私人信件

　　你可以像奥斯汀汽车这个广告一样,把整个广告都做成证言形式。后来格罗顿中学的校长发现那位"匿名外交官"就是我本人,我只好把儿子送去了另一所学校。

---

[1] 美国顶尖私立中学之一。——译者注

标题：一位前窃贼承认，他从来没打开过丘博的保险柜

**来自行内人的证言非常有效。这个广告是奥美的作品，在新加坡发布。**

使用名人证言的广告，会得到更高的回忆度，但我已经放弃了这个方法，因为人们会记住名人，却会忘掉产品。甚至，消费者会认为在广告中做证的名人是被收买的，当然，事实也确实如此。另一方面，行内人的证言很有说服力，比如让一位已经改邪归正的贼来证明他从来都打不开丘博（Chubb）的保险柜。

大部分文案撰稿人都认为，减价和特价的信息令人生厌，但消费者不这么看。这些信息的回忆度都高于平均水平。

广告中应该尽量包含商品的价格。你可能在珠宝店的橱窗里看到一条项链，但上面没有标价的话，你根本就不会有买它的念头，因为不好意思到店里去问。广告也是一样的。如果广告上没有提及商品的价格，人们就有了翻页的理由。哈撒韦衬衫的负责人埃勒顿·杰特退休后去做了画商，他打破了艺术品行业从不在卖画的广告上标出价格的传统，开始在广告上标价。可惜，制造商很少能这么做，因为它们没法控制零售商的售价，这会降低制造商广告的销售力。这种情况对包装商品可能影响不大，但对比较昂贵的商品，比如汽车和冰箱来说，就会有很大影响。

我认为所有广告都应该有广告公司的署名，但在美国从来没人这么做过，理由是制造商购买版面是为自己的产品做广告，不是为广告代理商做广告。真是目光短浅。我的经验是，如果广告公司能够署名，他们会做出更好的广告。《读者文摘》杂志请我给他们写广告时，特别指出我必须在上面署名。这我可得好好干，因为人人都会知道那是谁写的。

现在，广告公司在广告上署名，在德国和法国已经成为行业惯例。巴黎 FCB-Impact 公司甚至会在广告上给文案撰稿人上署名。这相当棒。

## 长文案还是短文案？

我所有的经验都表明，对许多产品来说，长文案比短文案更具有销售力。我用长文案只失手过两次，一次是一款平价雪茄的广告，另一次是一款高价威士忌的广告。下面是 9 个成功案例。

1) 已故的路易斯·恩格尔为美林证券写过一个 6450 个单词的广告。那个广告在《纽约时报》的一次刊登，就获得了 1 万个回复，而且广告上还没附优惠券。
2) 克劳德·霍普金斯为施乐兹啤酒写了满满 5 页广告，几个月内，施乐兹的销售量就从第五变成了第一。
3) 我为好运人造黄油写的广告有 700 个单词，效果很快在销售上反映出来。
4) 我为波多黎各写的第一个广告有 600 个单词（署名是比尔兹利·鲁姆尔，但执笔是我），结果有 1.4 万人寄回了广告中的回执，其中有几十个人后来在波多黎各投资建厂。
5) 壳牌的一套系列广告都有 800 个单词那么长，26% 的读者读过其中半数以上，壳牌的市场份额也在连续下滑七年后首次上升。
6) 我同事弗朗西斯·X. 霍顿为美国信托写的广告有 4750 个单词，也大获成功。
7) 奥美的那套企业广告，我都写了 2500 个单词，它们带来了很多新生意。
8) 世界自然基金会的一个广告，我写了 3232 个单词。

9）摩根担保的一套系列广告，我写了800个单词，它们让摩根担保大大受益。

标题：关于股票和债券生意，每个人都该知道……
副标题：如何买入和卖出证券

这个广告有6450个单词，第一次有人在一个版面上使用这么长的文案。在《纽约时报》上刊登时，它吸引了1万人来信索取广告中承诺提供的小册子，而且那个承诺还藏在广告的结尾。广告的作者是美林证券已故的路易斯·恩格尔。

*Viyella robe by Seale & Marne; breakfast-set by Wedgwood.*

## See The Conquering Hero Comes—in a Viyella® Robe!

Sound the trumpets, beat the drums, see the conquering hero comes—dressed to the nines in a Viyella robe, and armed with Sunday breakfast for his deserving bride. The superb thing about a Viyella bathrobe is that you can *wash* it. If it shrinks, we replace. Lamby-soft Viyella (rhymes with hi-fella) wears for *years*. A customer who bought a Viyella shirt eleven years ago tells us that he has had it washed and cleaned more than sixty times. "The colors are just as bright and distinct as when it was new . . . the only casualty throughout the years has been the loss of two buttons." Viyella robes (like the one our hero is wearing) come in authentic tartans, tattersalls, checks, stripes and plain colors. They weigh only 21 ounces and can be packed in your brief case next time you travel. $28.50 at fine stores everywhere. For the name of your nearest retailer write William Hollins & Company, Inc., 347 Madison Avenue, New York 17, New York. MU 4-7330.

／ 标题：征服英雄来了——穿着维耶勒礼袍！

/ 标题：舒味思圣水在 92 号码头卸货

有几年，我做的杂志广告都是用这样的版式：一张大照片作为插图，不超过 9 个单词的标题，大约 240 个单词的正文。销售功能主要由画面承担时，建议你使用这样的版式。

标题：下次飞往巴黎、罗马、阿姆斯特丹或者 34 个欧洲城市之前，关于 KLM 这家严谨、可信的荷兰航空公司，你需要了解点什么？

这是我常用的另一个很棒的版式：一张高度较小的宽幅照片、不超过 20 个单词的标题，不超过 28 个单词的副标题，标题部分总共占 4～5 行，然后是大约 600 个单词的正文。文案比画面更重要时，建议你使用这样的版式。

07　期待：印刷广告的复兴

/ 标题：死而复生

世界自然基金会的这个跨页广告刊登于《纽约时报》，有 3232 个单词。

    我还可以为你举出无数个长文案让收银机叮咚作响的例子，尤其是梅赛德斯的广告。长文案不仅在美国有效，在全世界都非常有效。

    我相信——当然我并没有去寻求研究结果的支持，无论人们读没读你的广告，包含长文案的广告都给人一种你有重要的事要说的印象。

    研究过诸多零售商广告的实际效果之后，查尔斯·爱德华博士总结道："你在广告里讲的事实越多，卖出的东西就越多。"广告人的成功机会，始终随着广告中关于商品的事实的增加而增加。

    直接反应广告主也知道短文案没有销售力。在分版测试[①]中，长文案始终比短文案卖得更多。

    不过我还是要提醒你，想要你的长文案有人读，你必须把它写得很

---

① 同一杂志的部分副本投放 A 版本广告，部分副本投放 B 版本广告。——译者注

好。尤其是第一段，必须能抓住读者。开头拖泥带水，没滋没味，一定吸引不了多少读者，比如一个度假胜地的广告以"度假是人人向往的乐事"开头，没人会有兴趣读下去。

哈佛大学的一位教授，每次讲座一开始就让学生们把心提到嗓子眼："恺撒·博尔吉亚因为爱上自己的姐姐，而杀了他的姐夫。而他父亲的情人是谁呢？是教皇。"

## 如何成为优秀的文案撰稿人

从模仿比自己资深、比自己优秀的人开始学习广告技艺，并不是什么坏事。最富有创造性的艺术指导赫尔穆特·克罗恩曾说："我最近问一位文案撰稿人，做出属于自己的广告和把广告尽可能做好，哪个重要。他的回答是'做出属于自己的广告'。我强烈反对这种观点。我想倚老卖老，给你提供一个不同的观点——在找到更好的答案前，你就模仿别人。我模仿了鲍勃·盖奇5年，甚至连他做的广告的行间距都模仿。鲍勃最初也模仿保罗·兰德，而保罗·兰德则模仿一位名叫契肖尔德的德国字体设计师。"

我本人也是从模仿开始的。在伦敦一家广告公司工作时，我经常模仿那些最好的美国广告。后来，我才开始做属于自己的广告。

## 版面编排

广告业时不时就要受到流行的"艺术指导综合征"的困扰。那些家伙们刻意压低音量，病态地小声嘀咕什么"字要用冷灰色系"，好像文案不过是他们手中的设计元素。他们还鼓吹"动感""平衡"以及其他故弄玄虚的设计规则。我想告诉他们：保持简单，傻瓜们！

在奥美早期,我做的所有杂志广告都使用统一、简单的版式。后来,一位竞争对手指责我把自己公司的风格强加给所有客户,我又发明了另一种给文案留下更多空间的版式。来比试一下,看你能不能发明一个更好的。

读者都是先看插图,再看标题,之后看正文,所以,这些元素也应该按照这个顺序编排——插图放在最上面,标题放在插图下,正文放在标题下。这种编排符合人们常规的浏览顺序,也就是从上到下。如果把标题放在插图上方,就要求人们用一种完全不符合日常习惯的顺序来浏览广告。

一般说来,放在插图下方的标题,会比放在插图上方的标题多 10% 的读者。你可能觉得,这个差别小得不值一提,但是要知道,2000 万读者的 10% 就是 200 万,这个数字可不容小觑。尽管如此,仍然有 59% 的杂志广告,把标题放在插图上方。

有些蠢货甚至把标题放到广告的底部,在正文之下!

此外,读插图下的说明文字的人,也多于读正文的人,所以永远不要在广告中放一张下面没加任何说明的插图。插图说明应该包含品牌名称和对消费者的承诺。

广告人有一种无意识的信条,就是广告得看起来就像广告。他们把一个亢奋的陋习代代相传,总是一上来就特别积极地给读者发信号:"这不过是个广告,跳过去吧!"

没有任何一条法律规定广告必须得看起来就像广告。把广告做得像编辑排出来的文章页面,你会吸引到更多读者。一篇普通文章的读者数量,大约是普通广告的 6 倍,而极少有广告能从 20 个报刊读者中吸引到一个人来读它。所以我的结论是,编辑比广告人更懂传播。

来看看那些在吸引读者方面做得特别成功的新闻杂志:美国的《时代周刊》和《新闻周刊》,法国的《快报》和《观点》,德国的《明镜》

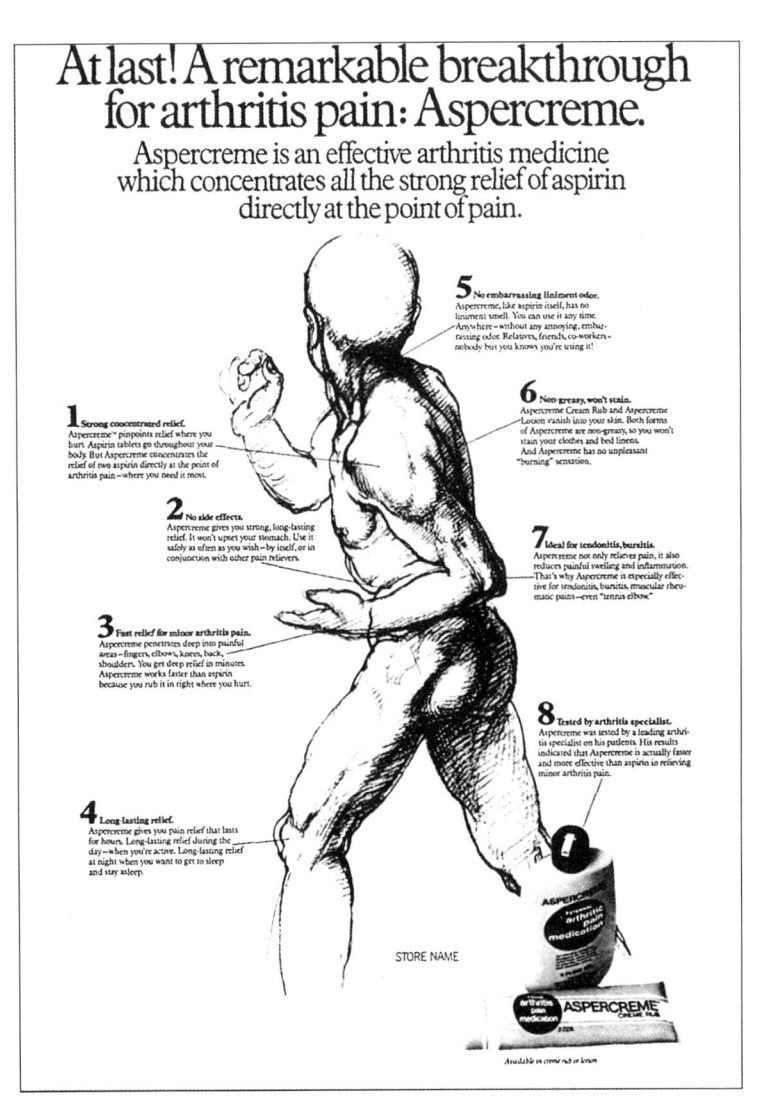

标题：终于！关节炎疼痛治疗取得重大突破：Aspercreme 来了。
副标题：Aspercreme 是一种有效的关节炎治疗药物，浓缩阿司匹林的全部强大止痛作用，直达疼痛部位。

如果一个广告要传播许多卖点，就使用"编号"。回忆测试表明，这种形式会带来高于平均水平的回忆度。

周刊，意大利的《快报》，西班牙的 Cambio 16，它们都采用同样的版面编排原则：

- 文字优先于插图；
- 文字使用衬线体①；
- 版面分为三栏，每栏宽度介于 35～45 个字母之间；
- 每张照片都配有说明文字；
- 文章开头的首字母加大且下沉；

／左：巴黎FCB-Impact公司的皮埃尔·勒莫尼亚和菲利普·萨尔伯格从我这儿学到了"编辑式"排版方式并且发扬光大，他们做的广告看起来都不像广告。

／右：所有新闻杂志都采用同样的排版方式：文字优先于插图；每版三栏，文字使用衬线体；照片下都配有说明文字。但是这些杂志中的广告却从不遵循杂志的惯例，所以很少人会去读广告。下次做广告时，把自己当成编辑，你的广告会有更多读者。

---

① 西方国家字母的字体分为衬线体和非衬线体两类。衬线体在字母笔画开始、结束的地方有额外的装饰，笔画粗细也有所不同，因此容易识别，易读性较高。——译者注

/ 标题：美国本地酿制的健力士烈性黑啤，现在以进口产品价格的一半发售，原酵母均空运自都柏林

"编辑式"排版方式对报纸广告同样有效。我为健力士黑啤酒做的这个上市广告，看起来就像是报纸的头版。

- 文字都排成白底黑字。

再看看这些杂志上的广告，你会发现：

- 插图被赋予比文字更高的优先级；
- 文案经常使用难读的非衬线体；书籍、杂志、报纸都使用衬线体，人们已经习惯了读衬线体。
- 正文经常排成 120 个甚至更多字母一栏——宽得没法读；
- 极少插图配有说明文字，艺术指导们不知道读插图说明文字的人 4 倍于读正文的人；
- 极少正文使用首字母下沉，艺术指导们不知道这种方式会提升阅读量；

／左：这张看起来完全像是法国《世界报》的普通版面。实际上，它是为反对从英格兰进口免税羊肉的法国农场主做的一个广告。
右：这个头版风格的广告，非常适合宣告新产品上市。

/ **FCB-Impact** 公司"编辑式"排版风格的又一绝佳实例,产品是玛姆香槟。

- 正文时不时就被排成反白。我甚至还见过图片说明被排成反白字——你根本就读不出来,除非家里刚好有白色墨水。

把自己当成报刊编辑,你的广告会收到有更好的效果。如果杂志强烈要求你必须给广告打上"广告"字样,你就把它排成斜体、大写,而且要反白,这样就谁都读不到它了。

巴黎 FCB-Impact 公司做的杂志广告,始终优于其他广告公司,而且没有一个看起来像广告。这得致敬该公司的文案撰稿人皮埃尔·勒莫尼亚和他多年的艺术指导搭档菲利普·萨尔伯格。他们从我这儿学到了这些技巧并且把它们发扬光大。

摒弃广告的排版传统,采用编辑式版面编排,你的广告会在众多庸俗粗鄙的广告中一枝独秀。

07 期待:印刷广告的复兴 149

/ 标题：如果这把西尔斯四星评价的锤子断了，我们免费送你一把新的

只有产品比较长，而且必须得横向展示时，才使用跨页广告，比如这个锤子广告。如果能放弃自己使用跨页的私心，你可以花同样的钱，做两次广告，这样广告的触达率或者频次就能翻倍。

/

评审广告时，广告稿经常被钉在会议室的看板上，人们在四五米外像看海报那样看它，这就要求标题得排到72磅大，虽然实际上在半米之外就没法看清上面写的到底是什么了。

两个整版的跨页广告是否物有所值？它们的价钱是一个整版的两倍，但鲜少获得两倍的读者或两倍的订单。

偶尔，也确实有功能性的理由需要使用跨页，比如产品很长，而且得横向展示。不过十有八九，使用跨页都不过是艺术指导的私心，他们希望自己做的广告又大又漂亮。放弃使用跨页，你可以花同样的钱，做两次广告，这样广告的到达率或者频次就能翻倍①。

---

① 这里我也说得过度简略了。斯塔奇读者服务公司研究发现，两个整版的跨页广告的阅读率，平均只比一个整版的广告高28%，但是埃德温·伯德·威尔逊曾经提醒人们注意，金融行业广告主做的跨页广告的阅读量，平均比单页广告高150%。所以说，低关注度的产品比高关注度的产品更受益于大版面广告。

## 巨幅海报

无论是否受到重视、口碑如何,巨幅海报都仍在使用,所以我最好还是告诉你一点让它们的效果最大化的设计窍门。关于这个主题的研究几近于无。

把巨幅海报做成萨维尼亚克[①]所说的"视觉噱头对提升效果大有好处,不过要注意别做过头,以免引起交通堵塞或者造成致命的交通事故。

／ 标题:健力士:为力量而生

**30 年代,健力士啤酒在英格兰做了一系列巨幅海报,这是其中之一。这些海报让健力士成为英国日常生活的一部分,它们的效果在全世界任何地方都从未被超越。**

---

① 法国海报大师。——译者注

标题：它也可以粘茶壶柄。

把巨幅海报做成"视觉噱头"对提升效果大有好处，这个在英国做的 FCO Univas 胶水海报就是一例。

　　海报不仅要借助文字，也要借助画面传达销售承诺。字要尽可能大，要让人们在远处就能看清你的品牌名称。要使用鲜明、纯粹的色彩。设计海报时，使用的元素不要超过三个。

　　如果你对海报有更多了解，请不吝赐教。

# How to pay bills quickly, easily

If you still pay bills with cash, you waste hours running around town and standing in line. And you run the risk of losing large sums or meeting a thief. Be smart—open a Special Checking Account at Chase, and pay your bills by mail. A check is permanent proof of payment. You can start your Chase account today. No minimum balance required. No deposit charges.

**The CHASE National Bank**
(MEMBER FEDERAL DEPOSIT INSURANCE CORP.)

/ 标题：如何快速、便捷地支付账单

如果你仍然用现金支付账单，你会浪费很多时间在城里跑来跑去，不停排队。而且还会冒着丢失大笔现金或遇上小偷的危险。聪明点儿——在 CHASE 银行开一个专用的活期存款账户，通过信件付款。我们有专门的核查机制，为支付永久保驾护航。你今天就可以开立你的 CHASE 银行账户。没有最低余额要求，不收存款服务费。

不要犯把地铁乘车卡设计成广告牌的错误——只为展示，只写上五六个词。纽约的地铁乘客平均有 21 分钟曝露于乘车卡，85% 的人不会自带读物，所以我在这张卡片上写了 76 个词。

## 地铁乘车卡

如果有机会为地铁公司做广告，你就会知道，纽约的地铁乘客平均有 21 分钟曝露于地铁乘车卡上的广告，这么长的时间，足够他们阅读相当长的文字信息。只有 15% 的乘客在坐车时会自带读物，其他 85% 的人没事可做，只好读你的广告。

07　期待：印刷广告的复兴　153

## 商标是个老古董

过去，识字的人很少，于是制造商使用商标来区分各自的品牌。如果啤酒瓶上有只老虎，你马上就能知道那是虎牌啤酒。

很多公司还没有意识到消费者不再是文盲了，仍然使用图形符号来区分品牌，并且坚持广告中一定要展示商标。他们不断增加琐碎的小东西，让广告版面凌乱不堪，并且声称"这只是个广告而已"。结果，广告的阅读量明显下降。

我的一个客户被别人说服，认为自己公司的商标太过时了，花 7.5 万美元找了一家自命不凡的公司设计新商标。新商标揭幕典礼上，我悄悄跟客户的副总裁说："只要 75 元钱，我们公司设计部的新手就能设计出个更好的。""那是肯定的，"他回答说，"不过那样的话，我们公司得为到底用不用吵个没完没了。"

## 排印："眼睛是习惯的产物"

好的排印帮助人们阅读你的文案，糟糕的排印则不利于阅读。

广告公司通常用大写字母排印标题。这是个错误。斯坦福大学的汀克教授关于大写字母会阻碍阅读的观点已经被广泛接受。大写字母全部等高，没有上伸部分和下伸部分可以帮助读者辨认单词，你只能一个字母一个字母地把词拼读出来。

眼睛是习惯的产物。人们已经习惯于读用小写字母排印的书籍、杂志和报纸，你可以看看下面 ABN Bank 那个全部使用大写字母的广告读起来有多困难。

> 大写字母非常难读。我试图读完这个广告,但还是中途放弃了。

另一个让标题变得难读的方法，是把它叠在图片上。

还有一个错误，是在标题后加句号。句号终止读者的阅读轨迹。在报纸的标题里，你从来都看不到句号。

有一个错误也很普遍，那就是把文案的一栏排得过宽或过窄，那样都会让文案变得不易读。人们已经习惯于阅读报纸大约 40 个字母宽的一栏。

什么样的字体容易读呢？答案是：人们习惯读的字体，比如 Century Family、Calson、Baskerville 和 Jenson。字体越不常用，就越难读。广告吸引人之处在于你说什么，不在于你用什么字体。

/ 广告的标题和文案如果不印在图上，会容易读得多。

156　奥格威谈广告

三个让文案变得不易读的排印案例，而香瓜广告的排版方式让文案变得容易读。

07　期待：印刷广告的复兴　　157

左页：一些艺术指导把文案当成设计那些妖里妖气的版面的原始素材。你不觉得这两个广告上的正文分栏排印，会容易读得多吗？

右页：这家慈善机构做广告为处于饥饿中的儿童募捐，但把广告排成了反白（右），我建议他们改成白底黑字（左），结果募集到的善款翻了倍。

像 Sanserif faces 这样的非衬线体尤其难读。约翰·厄普代克曾说："衬线体的作用是帮助眼睛分辨字母的形状。非衬线体少量使用可以增加阅读趣味，但如果整个页面全都是，就会像蜡纸拒水一样，把读者赶跑，因为它看起来一片迷蒙、模模糊糊。"

一些艺术指导把文案当成设计那些花哨版面的原始素材，然后就把文案变得完全不可读了。

在某杂志的最新一期上，我发现了 47 个排成反白的广告——黑底白字。这种排法简直让人没法读。

／ 了不起的查尔斯·萨奇写了这个广告,并把它排成了反白(左)。如果用白底黑字印刷(右),
读起来会更容易。

07 期待:印刷广告的复兴 159

如果你需要排印很长的文案，这儿有一些技巧可以帮你提升文案的阅读量：

1）在标题和正文之间，加入占两行的副标题，吊起读者的胃口，吸引他们读下去。

2）正文开头使用首字母下沉的排法，平均可以提升13%的阅读量。

3）第一段的长度，控制在11个单词以内。

4）在正文第一行下方5～8厘米后，插入一个小标题，之后全文都每隔这么长加一个小标题。小标题会吸引读者一直读下去。可以把一些小标题写成提问，以激发读者对后文的好奇心。

5）我小时候，人们习惯于把段落写成方方正正的一块，现在大家知道了，开天窗——分短行，会增加阅读量。

6）关键段落排成粗体或斜体。

7）适当使用箭头、着重号、星号和边缘标记，将读者引入段落。

8）如果你有许多彼此不相关的内容要陈述，不要使用复杂累赘的连接词，像我现在这样简单地给它们标上数字序号就行了。

9）你打算用多大的字号？

这是5磅，太小了，根本看不清。

## 这是14磅，太大了。

这是11磅，刚好合适。

10）在段落之间使用加大一点的行间距，平均能提升12%的阅读量。

你可能认为我夸大了良好排印方式的作用，可能会问我有没有见过一位家庭主妇因为一款新洗涤剂的广告用了 Caslon 字体，就去买了它。我确实没见过，但你觉得一个没人读的广告能卖出东西吗？空空荡荡的教堂拯救不了灵魂。

正如密斯·凡·德·罗[1]所说："上帝隐藏在细节中。"

---

[1] 德国建筑师，现代主义建筑大师，坚持"少就是多"的建筑哲学，并认为"上帝隐藏在细节中"。——译者注

# 08.

## 如何做有销售力的电视广告

# Ogilvy

每个在书中讨论电视广告的人,都面临一个无法解决的难题:无法在页面上为你展示电视广告。我能做的只是复制一些画面来说明观点,希望你能通过这些画面解读整个广告片。

上一章讲印刷广告,我凭借的不仅仅是市场调查结果,还有我本人的长期经验。和印刷广告相比,我在电视广告上的经验有限得多。当然,我做的电视广告在戛纳广告节上也得过一次奖,但那不是一个好广告。所以这一章的大部分内容,都不得不依赖市场调查结果和我通过看别人做过的数以千计的电视广告形成的判断力。

我最有价值的信息来源,是定期委托梅普斯与罗斯(Mapes & Ross)公司做的电视广告因素分析。他们测量人们看到电视广告后的品牌偏好变化。显示出品牌偏好变化的人购买的广告商品,是品牌偏好没有发生变化的人的三倍。

一些市场调查机构也会测量电视广告的回忆度,许多广告主都喜欢回忆度调查。但是,一些在回忆度测试上得高分的电视广告,在改变品牌偏好上得分却很低,而且回忆度和购买之间似乎并无关联。我更倾向于依赖品牌偏好变化调查来评价电视广告的效果。

我下面的讲解,会告诉你哪十种电视广告改变品牌偏好的能力高于平均水平,哪三种低于平均水平。

米切纳[1]（Michener）：你认识我吗？

我写过很多旅游的书。

但写了 500 万字之后，还没有人能认出我。

所以我最后办了一张运通卡。

现在，我能像我在《夏威夷》那本书里写的一样

受到欢迎了。

画外音：欲申请运通卡，

请留意此展架，你可以在任何可接受运通卡付款的地方找到它。

米切纳[1]：美国运通卡，出行必备。

/ 名人证言改变品牌偏好的能力低于平均水平，但是美国运通自 1975 年就开始播出的这个广告获得了巨大成功，因为他们在广告中加入了一个特殊的神秘元素："你认识我吗？"

[1] 詹姆斯·米切纳，1907—1997，美国作家。——译者注

男声：离家出走时，我还是个小不点儿。

……装上了我的玻璃弹球、弹弓，还有霍维斯三明治，我就出门了。

刚刚停下来想吃口三明治，我就遇到了一位邮差……

我问他："我还在伦敦吗？"

他说："不，小伙子，想离开伦敦，你得往那边走……"

"你要带更多霍维斯三明治，才有力气继续走……"

……（沉默）

"……跟我回去找你妈吧……"

"让她再给你准备一箱三明治！"

音效：三秒音乐。

第二个男声：霍维斯面包比普通面包含有更多的小麦胚芽。今天仍有益于你的健康……

一如既往……

/ 霍维斯（Hovis）面包的广告，是诸多优秀的怀旧广告中我最喜欢的一个，由英国 CDP 广告公司（Collett Dickenson Pearce）制作。

08　如何做有销售力的电视广告

# 高于平均水平的电视广告

## I. 幽默

传统观点认为，人们会因为相信某种产品营养丰富、能节省劳动量或者物超所值而购买它，但不会因为制造商在电视广告中讲笑话而去买它。现代广告之父克劳德·霍普金斯曾经怒吼："人们不会向小丑买东西。"

一列送葬的豪华车队，每辆大型高级轿车里都载着一位遗产继承人。
男声画外音：本人马克斯韦尔·E.斯内夫利，以健全的身心，做出以下遗嘱：

留给我妻子罗丝 100 美元和一本日历，她花起钱来好像没有明天……
留给我儿子罗德尼和维克多各 50 美元硬币，他们把我给他们的每一分钱都花在了豪华汽车和放荡女人上……

我的生意合伙人朱尔斯，什么都不留，什么都不留，什么都不留，因为他的座右铭是"花钱、花钱、花钱"。留给我其他从不知道一美元价值的朋友和亲戚，每人……一美元。

最后，我全部财产 100 万美元都留给我侄子哈罗德，他经常说"省一分就是赚一分""哇，马克斯叔叔，开大众汽车简直太值了"。

／ 我见过的最滑稽的广告是 DDB 公司为大众汽车拍的这部电视广告。
因为相信人们不会向小丑买东西，我曾经非常反对滑稽的广告。不过现在，销售数据已经证明，幽默在销售上和其他广告技巧一样有效。

我相信在霍普金斯的时代的确如此，而且直到前不久，我还有理由相信，这个说法在今天依然正确。但最新的因素分析结果显示，幽默现在已经具备了销售力。这让我内心终于释然了，我之前一直否决那些提交给我等待批准的幽默广告。

但我也得提醒你，只有极少数文案撰稿人能写出真正幽默风趣的电视广告，如果你不是其中一员，请别轻易尝试。

## 2. 生活片段

在这样的广告中，两个人在讨论产品的优点，场景和现实生活非常相似。最后，质疑者被说服了——你的产品确实能让孩子们拥有更健康的牙齿。

这样的情景短剧获得了一次又一次的成功，不过文案撰稿人很讨厌它们，因为其中绝大多数都充满了陈词滥调，而且实在用得太广泛，也用得太久了。但是，有些广告公司成功地做出了既有效又恰如其分、充满魅力的生活片段式电视广告。

## 3. 证言

最有效的证言式电视广告，是忠实消费者在对拍摄并不知情的情况下，为产品的优点做证。访问者假装发现了产品的某个缺点，然后忠实消费者就会奋起为产品辩护，态度比你简单问他对产品怎么看时要坚定得多。来看下面这个例子。

地点是一家壳牌加油站的停车区，一位演员扮成壳牌销售商。

**播音员画外音：**这个人是个冒名顶替者，他并不是壳牌销售商。他想尝试说服我们的消费者不加超级壳牌汽油。咱们通过隐藏摄像机来看看结果如何。

08 如何做有销售力的电视广告　169

**壳牌销售商：** 我敢打赌，加超级壳牌的话，你开不了多远。

**隆哥先生（一位消费者）：** 它很棒。我跟你说，省一分钱就是挣一分钱。

**壳牌销售商：** 噢，算了吧，你能有多懂汽油啊。

**隆哥先生：** 看到我带的这只小狗了吗？我买它就是因为它吃得不多，很省钱。我加超级壳牌，也能省钱。

**壳牌销售商：** 胡说八道！胡——说——八——道！

**隆哥先生：** 你简直错得离谱。超级壳牌是最棒的汽油。你怎么还在这儿？我要是他们，我就炒你鱿鱼。

**播音员画外音：** 看来这家伙只能让你说出超级壳牌的好处，下次我们再给他一次机会，看看他能不能成功。

选择为产品做证的忠实消费者时，要注意避开那些可能表现得太娴熟的人，观众会认为他们是专业演员。忠实消费者的表现越业余，可信度就越高。

一家法国广告公司选了一位 80 岁的洗衣女工做洗衣机广告的女主角，广告播出后，有 3/4 的法国人能认出这位身材臃肿、满脸皱纹的老妇人，那款洗衣机的销售排名，从第四变成了第二。

这位满脸皱纹的老妇在一个法国洗衣机广告中扮演女主角，广告播出后，有 3/4 的法国人能认出她来，产品的销售排名，也从第四跃升为第二。

4. 展示

展示能说明产品的功效如何卓著，说服力高于平均水平。展示未必都很枯燥。国际纸业为了展示纸板的硬度，在峡谷上搭起纸板做的桥，然后让一辆卡车从上面开过去。

奥美巴黎办事处为了证明强力胶水的功效，用强力胶把演员的鞋粘在天花板上，让他倒挂着推销产品。

如果使用示范手法来比较你的产品与竞争对手的产品，对竞争者指名道姓之前，一定要慎重考虑。在德国，这样做是不合法的，不过美国政府鼓励这种方式，认为它能为消费者提供信息，帮助他们在充分知情的前提下做出选择。奥美研究发现，和不做比较的广告相比，指名道姓的比较广告可信度低、混淆程度高，消费者倾向于形成一种印象：你在广告中贬低的产品，是你广告里的英雄，然后他们会离开你的品牌，转向竞争对手的品牌。

5. 解决问题

这是电视广告使用已久的技巧。向观众展示一个他或她很熟悉的难题，然后表现你的产品如何解决它。

我见过的最棒的问题解决式电视广告之一，是在印度金奈播放的火车牌火柴广告。广告一开始，一名男子在印度南部闷热潮湿的天气中擦不着普通火柴，快烦疯了。之后他平静、美丽的妻子将一盒火车牌火柴递到他手里，结果一下子就点着了火。

6. 发言人大脑袋

由一个代言人直接赞美产品优点的电视广告，被戏称为"发言人大脑袋"。广告公司的人认为它没创意，都很烦它，不过不少广告主仍然使用这种手法，因为它改变品牌偏好的能力高于平均水平。

画外音：看！我们将为你展示超级胶水 3 号

不可思议的粘结效果。

音效：秒表嘀嗒嘀嗒

画外音：接下来是未经剪辑的画面。

广告播音员开始读广告词：超级胶水 3 号还可以

粘橡胶、塑料、瓷器……只需几秒。

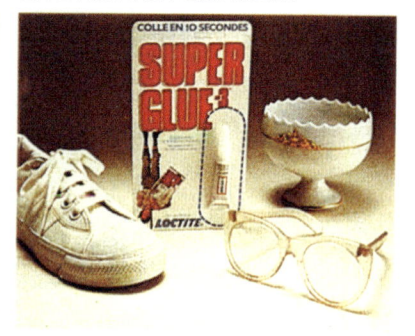

> 这个法国电视广告通过把胶水涂到一位广告播音员的鞋底，然后把他头朝下粘在天花板上，证明了超级胶水 3 号的黏性有多强。结果，超级胶水 3 号成为领先品牌，这个电视广告也获得了戛纳国际广告节的金奖。

发言人式广告尤其适用于宣告新产品上市。近年来，德国新上市的香烟品牌超过 100 个，唯一一个获得成功的，就是在广告里使用了发言人宣告手法。有史以来最有说服力的"发言人大脑袋"可能是约翰·豪斯曼[①]做的电视广告，他在广告里说："美帮（Smith Barney）公司用老式手法赚钱。他们是挣钱，不是骗钱。"

作为前上门推销员，我到死都相信，在电视上给我两分钟，我能卖出地球上任何一种产品。有人想雇我吗？

### 7. 个性人物

一些电视广告会持续数年使用一个"个性人物"来销售产品，这个人物会成为产品活生生的象征——像坏脾气的新英格兰老面包匠泰特斯·穆迪，他连续 26 年在电视广告中赞美培珀莉农场面包的品质；还有科拉，在电视广告中推销麦斯威尔咖啡推销了 7 年。

只要这个人物和你的产品具有很强的相关性，"个性人物"改变观众品牌偏好的能力就会高于平均水平。

### 8. 购买理由

电视广告如果理性地给观众一个应该购买某产品的理由，改变品牌偏好的能力也会稍高于平均水平。美馨速溶咖啡上市时，电视广告说，美馨的咖啡粉采用冻干工艺制作，所以品质更高。10 个广告人中有 9 个会告诉你，消费者根本就不在意产品是怎么做出来的，但是冻干工艺足够新也足够吸引人，足以说服消费者尝试这款新产品。

---

① 约翰·豪斯曼（John Houseman），美国极负盛名的演员、导演、制片人。——译者注

音效：马车行驶在路上的声音。

男声：呀！！

蒂米，我今天送的是培珀莉农场的小麦面包。

它像从前的面包一样，新鲜烘焙，没有人工防腐剂。

用传统方式碾碎的麦粒制作……

……加入糖浆、蜂蜜。完全没有人工防腐剂。

尝尝培珀莉农场的小麦面包吧。

它像从前的面包一样……

音效：马车走远。
画外音：……培珀莉农场一直记得这个味道。

／ 使用个性人物强化产品真实性的成功案例。

174　奥格威谈广告

## 9. 新闻

包含新闻的电视广告，改变品牌偏好的能力也高于平均水平。但是真有新闻可以宣布的情况太罕见了，即便有，一些文案撰稿人也会低调处理它们，甚至把它们完全排除在广告之外。这些人该下油锅。产品和人一样，刚出生时总是最引人注目。

如果是个老产品，你可以在广告中创造点儿新闻出来，比如一种新用途，像用烘焙苏打消除冰箱异味。

> "真有新闻可以宣布的情况太罕见了，即便有，一些文案撰稿人也会低调处理它们，甚至把它们完全排除在广告之外。这些人该下油锅。"

## 10. 感性诉求

迄今为止，研究人员仍然没有找到量化情绪影响力的方式，但是我渐渐相信，包含大量怀旧、迷人甚至感伤情调的电视广告，非常有效。英国霍维斯面包的广告、俄勒冈州伯里兹－温哈德啤酒的广告，都深深地打动了我，这两个广告是我见过的电视广告中最有说服力的。

感性诉求能和理性诉求同样有效，尤其是产品没有什么独特之处可以告诉观众时。"但是，"我同事豪尔·瑞尼说，"麻烦在于，大多数客户——还有大多数广告人，都比消费者更看重理性诉求对于产品的重要性。他们认为，广告想要获得成功，想要在一片嘈杂信息中脱颖而出，就必须客观地陈述产品为消费者带来的利益。那么，糖果、香烟、汽水、啤酒'为消费者带来的利益'到底是什么呢？"

我还得赶紧补充一句，消费者同时也需要理性的理由来证明他们的感性决定是对的。所以，感性诉求广告中，应该总是包含一条理性理由。最重要的是，如果你无法恰如其分地传达某种情绪，一定不要轻易尝试感性诉求。

1. 奥特利：我祖父 1882 年来到哈尼镇

2. 播音员画外音：霍华德·奥特利是俄勒冈东南部的一位牧场主。
奥特利：哈尼镇差不多和从前一样，仍然是牧场之乡……

5. 我们认为这是生活和酿造啤酒的最佳地点。

6. 所以，Blitz-Weinhard 啤酒只用天然的原料和传统的方式酿造。

／ 我同事豪尔·瑞尼写的这个广播广告，是我所知的把感性诉求用得最好的广告。

176　奥格威谈广告

3. 我父亲生于此，我的家庭从那时起就一直住在这里……

4. 播音员画外音：他仍然用传统的自然方式做事。

7. 奥特利：我没去过这个国家的太多地方，不过我想，没有多少地方，能像我们这儿这么好，而且再也不会有了……

8. 播音员画外音：Blitz 乡村……自然的乡村……自然的啤酒。

08　如何做有销售力的电视广告　　177

# 低于平均水平的电视广告

## 1. 名人证言

此类广告改变品牌偏好的能力低于平均水平。观众会认广告中的名人是被收买的,而且事实的确如此。据说,为了获得法拉·福赛特[1]三年的广告合约,费伯奇珠宝支付了 200 万美元。鲍勃·霍普、格里高利·派克、坎迪斯·伯根和迪恩·马丁[2]的广告代言收费也均在 100 万美元左右。人人都想请的代言人是沃尔特·克朗凯特[3],但花多少钱都请不到他。不过,只需要区区 1 万美元,你就能请到因参与英格兰火车大劫案被定罪,后来又越狱逃掉的罗纳德·比格斯[4],他住在巴西。

电视观众们都掌握一种记住名人而忘掉产品的方法,但我付 35000 美元请埃莉诺·罗斯福为人造黄油做电视广告时,并不清楚这一点。她后来说:"我收到的邮件,一半表示悲伤,因为这损害了我的名声;另一半表示高兴,因为这损害了我的名声。"这不是我最值得骄傲的记忆。

## 2. 卡通

卡通形式的广告可能比较适合向孩子推销商品,但面向成人的销售力低于平均水平。它们不如真人实拍的广告吸引观众,说服力也更低。

曾经有一款织物柔顺剂,拍了两个电视广告,一个使用卡通形式,一个使用真人实拍。结果,卡通广告对陷于颓势的销售毫无作用,真人

---

[1] 好莱坞女演员,电视剧版《霹雳娇娃》女主角。——译者注
[2] 这几位均为美国著名演员。——译者注
[3] 美国著名记者、主持人。——译者注
[4] 罗纳德·比格斯原是英国小偷,因参与英国史上最大的火车抢劫案而成"火车大盗",其后逃狱流亡 36 年。因媒体持续报道,比格斯臭名昭著,他也靠名气出唱片、出书、拍电影、接待游客,成为最招摇过市、最潇洒的通缉犯。——译者注

> 我付 35000 美元请罗斯福夫人为人造黄油拍了一个电视广告。她在广告里告诉观众："新上市的好运人造黄油吃起来非常美味。"那时，我还不知道使用名人是个错误。他们会被人们会记住，但产品会被忘掉。

实拍广告则扭转了局面。

## 3. 音乐小品

这种形式会给观众留下一些欢快的短暂印象，曾经非常流行，但正逐渐过时。它们也许能娱乐观众，但要卖东西，则无能为力。

# 十六个提示

## 1. 反复提及品牌

研究表明，比例惊人的观众会记住你的电视广告，但忘掉你的产品叫什么，而且还经常张冠李戴，把你的广告安到竞争品牌头上。

很多文案撰稿人都认为，在广告里反复提及品牌非常愚蠢。不过，为了帮助那些更关心销售而非娱乐的人，我提供两种提及品牌的方法：

- 最初10秒就出现品牌名称。我曾经见过一个特别棒的电视广告，在340秒里提及品牌20次，而且一点都不招人烦。
- 与品牌名称开玩笑。拼读它。老广告人应该都还记得盲钢琴家亚历克斯·坦普尔顿（Alex Templeton）在弦乐伴奏下一个字母一个字母地拼读出C、R、E、S、T、A、B、L、A、N、C、A，Crestablanca。

为新产品做广告时，你更需要在电视上教会人们读它的名字。

## 2. 展示包装

在改变品牌偏好上，结尾处展示产品包装的电视广告比不展示包装的电视广告，要有效得多。

## 3. 动态展示食物

食品广告中，食物看起来越让人有食欲，广告就越能卖东西。人们发现，动态展示食物尤其能激发食欲，所以你可以把巧克力酱浇在冰激凌上来展示巧克力酱，或是把糖浆淋在松饼上来展示糖浆。

## 4. 特写

如果在广告中突出产品，使用特写镜头会很有帮助。你的镜头离广告中的糖果越近，就越会让人们流口水。

5. **开头就要火爆**

广告通常只有 30 秒，如果能在第一个画面就用出人意料的视觉画面抓住观众的眼球，他们继续看下去的可能性就更大。

很多电视广告用枯燥乏味的东西开头，这会将观众拒之门外。你知道后面会有大事发生，但观众不知道，而且她也永远不会知道——广告一开始，她就去洗手间了。

如果你做的是灭火器广告，开始就让火烧起来吧。

6. **如果没什么可说，那就唱歌吧**

有些成功的电视广告，是用歌曲把广告词唱出来的。不过广告歌曲改变品牌偏好的能力总体低于平均水平。

把广告歌曲唱给从没读过广告剧本的人听，永远不要直接用它。如果被测试者无法听清歌词，广告歌曲就不能投放。

如果你走进一家商店，请售货员给你展示一台冰箱，结果他对着你唱起歌来，你会是什么反应？但有些客户，如果你没给他在广告里加首歌，他就觉得自己好像是被亏待了。

很多人把音乐当成背景，希望通过它快速表达某种情绪。调查表明，这种方式无功无过，既不会有什么坏处，也不会带来什么明显的好处。伟大的牧师会在布道时让风琴手弹奏背景音乐吗？广告公司会在向客户提案时播放背景音乐吗？

7. **音效**

尽管音乐不能增加电视广告的销售力，但音效，比如香肠在煎锅里作响的声音，却会起到积极作用。

麦斯威尔咖啡的一个电视广告，完全围绕滤煮咖啡的声音展开，效果很不错，一直使用了 5 年。

### 8. 画外音还是出镜？

调查显示，电视广告使用画外音难以留住观众。让演员在镜头前说话，效果会好得多。

一家制造商曾经做过两个电视广告，两个版本的唯一区别是，一个用了画外音，另一个让演员出镜说话。测试时，出镜说话的版本卖出了更多产品。

### 9. 字幕

把广告中的话同步做成字幕叠印在画面上，会强化你的承诺。

但一定要确保字幕内容和人声内容完全一致。任何一点儿差异，都会让观众非常困惑。

广告公司中有很多人对使用字幕非常抵触，你告诉他们字幕能帮助提升销售，他们完全置若罔闻。

### 10. 避免视觉上的平庸

想要观众把注意力放在你的广告上，你得给他们看一些他们前所未见的东西。给他们看日落美景，或者晚餐桌前的幸福家庭的话，你没多少胜算。

普通美国家庭每天开 6 小时的电视，全年会曝露于 3 万个电视广告。其中绝大部分广告，会像水从鸭子背上流下来一样，不留一点儿痕迹。所以，你得赋予你的广告一种奇特的感染力，让它们像带芒刺的小野果一样，粘在观众的头脑中。美林电视广告中那些大摇大摆走向镜头的公牛加上"美林看好美国"的字幕，就一起构成了这样一种带芒刺的小野果。

## 11. 场景转换

我同事豪尔 · 瑞尼会在电视广告中使用很多场景转换,却不会把观众搞糊涂,但我不行,我打赌你也做不到。一般说来,电视广告中短镜头过多,改变品牌偏好的能力会低于平均水平。

## 12. 助记符号

这个拗口的词描述的是长期在电视广告中重复某个画面的视觉技巧。它能帮助提升品牌的辨识度,提醒观众你的广告承诺。比如,壳牌广告中会反复出现汽车穿过纸质障碍物的画面。

## 13. 展示产品的使用效果

在广告中展示产品的使用效果,对广告效果大有好处。如果可能,也要展示使用产品的最终效果,比如你的尿布如何让婴儿的屁股保持干爽,或者在汽车润滑油广告中,展示行驶 50000 英里后,汽车发动机活塞是什么样。

## 14. 在电视上一切皆有可能

电视制作技术人员能够在电视广告中呈现任何你想要的效果。唯一的局限是你的想象力。

## 15. 误解

1979 年,珀杜大学雅各比教授研究了观众对 25 种典型的电视广告的理解,发现它们全都被误解了,其中一些,产生误解的观众达到 40%,而且没有一个低于 19%。

为避免电视广告被观众错误理解，你必须把它们做得浅显易懂。我看过的电视广告中，就有半数以上我理解不了。

## 16. 大丑闻

电视节目的制作成本是每秒 4 美元，而电视广告每秒要花 2000 美元，30 秒就要花上万美元。这种骇人听闻的挥霍，在很大程度上是广告公司的错。霍珀·怀特说："电视广告的制作费是被文案撰稿人一个字一个字打进去的，被艺术指导一笔一笔画进去的。"宝洁的迈纳·雷蒙德讲过一个故事，一个艺术指导在片场对一张桌子很不满意。客户说，那张桌子被桌布盖住了，别人看不到。"但我知道桌布下面是什么，"那位艺术指导说，"这张桌子就是不合适。"于是人们只好再去找一张桌子，这个耽搁让客户多花了 5000 美元。

要节省电视广告制作费，最简单的办法是缩减剧本中演员的数量。每减少一个演员，你会节省 350～10000 美元。具本能省多少，取决于你的广告会播出多久。

文案撰稿人会特别指定广告要在巴厘岛拍摄，而实际上在摄影棚里只花一半的费用也能拍得一样好。他们在真人实拍的广告里插入制作费昂贵的动画，还要求插入专门作曲的原创音乐当背景音乐，好像全部现存的音乐没有一支合适的曲子一样。最糟糕的是，他们使用昂贵的名人，而实际上不知名的演员会卖出更多产品。

当然，我没有调查研究结果来证实这些观点，不过我怀疑电视广告制作费和销售力之间存在着负相关。一位客户曾要求我同事艾尔·埃克福把一支花了 15000 美元的广告用 10 万美元重拍，销售反而下降了。

## 广播——灰姑娘媒体

很久以前,因为崇拜美国全国广播公司(NBC)广播节目的开创者约翰·罗亚尔(John Royal),我花了6个月研究广播媒体。那个年代,美国家家户户都在收听杰克·本尼、埃德加·伯根、查理·麦卡锡、弗雷德·艾伦的广播节目和《阿莫斯与安迪》[1](Amos and Andy)、《伯恩斯与艾伦》[2](Burns and Allen)。一些人还听罗伊·拉森那首超棒的《时代进行曲》和托斯卡尼尼(Toscanini)指挥美国全国广播公司交响乐团的演出。

但如今所有这些,都被电视一扫而空。

广播再也不是人们的安慰毯和让人安心的生活背景声。

广播也成为广告媒体中的灰姑娘,在美国全部广告费投入中只占据6%的份额。没人研究广播广告的效果,所以也没人知道在广播广告中,哪些因素会奏效。我委托市场调查公司进行了一项试验性研究,发现了四个起正面作用的因素:

1) 在广告中尽早说明品牌;
2) 频繁提及品牌;
3) 在广告中尽早向听众承诺某种利益;
4) 频繁提及你所承诺的利益。

90%的广播广告从不做这几件事。在我看来,广播广告要做的第一件事,就是吸引人们来听——而且没什么比这更重要,让他们感到吃惊,

---

[1] 美国50年代情景喜剧,最早以广播剧形式播出。——译者注
[2] 美国广播节目。——译者注

引发他们的好奇心，把他们叫醒。一旦他们进入警醒状态，就像对一个活生生的真人那样对他们说话，让他们卷入广告中，让他们开怀大笑。下面是红白蓝啤酒一套系列广播广告之一的剧本，那套广告使红白蓝啤酒的销量提升了 60%。

**播音员：** 下面，由哈蒙·R. 怀托先生带来关于通货膨胀的新消息。

**怀托：** 我国预算上的最大压力之一是对外援助。每年，我们需要将价值成百上千万美元的飞机、计算机、牵引车送往其他国家……然后我们再付款给技术培训人员教会他们使用。这项花费非常昂贵。

其实更受欢迎的援助是啤酒，美国产的红白蓝啤酒。

红白蓝啤酒比飞机或者计算机便宜得多，仅此一项，我们就能省很多钱。而且教会人们喝红白蓝啤酒比教会他们用计算机容易多了，然后我们又能省下很多技术培训费。

如果你怀疑我们在国际上的受欢迎程度会不会因此降低，你不妨问自己：如果生活在那些又热又脏的国家，你是更想要一杯冰爽的红白蓝啤酒，还是更想要一台计算机？这款啤酒品质可靠，而且价格也很实惠。

**播音员：** 怀托先生的评论不代表本台观点，不过确定无疑地代表密尔沃基市 RWB 啤酒公司的观点。

广播是一种高接触频率的媒介，人们会很快厌倦反复听到同一个广告，所以广播广告要多做几个版本。和电视广告高昂的制作费相比，制作广播广告简直就像不花钱一样。

在一些发展中国家，广播能触达的人口，仍然多于电视。尽管如此，那儿的人也并不真正了解，广播广告中的哪些因素更容易让收银机响个不停。是不是该有人就此做点儿研究了？

# 09.

## 为企业做广告

顺应民意,则无事不成。
——亚伯拉罕·林肯

Ogilvy

有一次，一家大公司的负责人到卡地亚珠宝给他太太订购了一条钻石手链，"把账单寄到我办公室吧"，结果被拒绝了，卡地亚的人从没听说过他的公司。第二天一早，他就吩咐广告代理商准备开展企业广告活动。

美国最大型企业中，有81%的公司会单独做有别于产品广告的企业广告，每年为此花费大约5亿美元，但其中绝大部分公司都缺乏规划，仓促行事。其实，只要有良好的计划和执行，企业广告也可以是一项利润丰厚的投资。ORC公司（Opinion Research Corporation）研究发现，人们如果对一家公司有充分的了解，对该公司持赞许态度的可能性会增加5倍。

企业广告可以提振员工士气——谁愿意在一家根本没人听说过的公司工作呢？企业广告能让你的企业更容易吸引各个层面的优秀人才，而且我相信，在发生收购时，它能让你的公司在收购者眼中变得更有吸引力。最近，一家非常有钱的大公司在连续几桩收购案中都宣告失败，因为它的企业形象令人反感。谨慎起见，我不能指名道姓。

企业广告能帮你给投资界留下一个好印象吗？能，而且这也是大部分企业广告的目标，这一点，大家都心照不宣。美国西北大学的学者曾经做过一项研究，他们考察了731家公司的股价表现，发现企业广告平

> "I don't know who you are.
> I don't know your company.
> I don't know your company's product.
> I don't know what your company stands for.
> I don't know your company's customers.
> I don't know your company's record.
> I don't know your company's reputation.
> Now—what was it you wanted to sell me?"

**MORAL**: Sales start **before** your salesman calls—with business publication advertising.

**McGRAW-HILL MAGAZINES**
BUSINESS • PROFESSIONAL • TECHNICAL

/ 正文：
我不知道你是谁。
我没听说过你的公司。
我不知道你的公司支持谁。
我不知道你公司的消费者是谁。
我不知道你公司以往业绩如何。
我不知道你公司名声如何。
那么——你想告诉我点儿什么？
寓意：销售始于销售人员打电话之前——始于商业出版物上的广告。

这个广告概括了企业广告的各种情况。

均能将股价拉高 2%。如果你觉得这个比例低得无关痛痒，可以想一想，如果一家公司的总市值是 400 亿美元——一些公司确实如此，那么额外的 2% 就是 8 亿美元，别把这笔钱不当回事儿。

杜邦已经做了 47 年企业广告，通用电气已经做了 63 年，美国电话电报公司已经做了 75 年，美国钢铁公司已经做了 46 年，美国集装箱公司已经做了 50 年。但绝大多数的企业广告活动都结束得太快，不足以达到任何可观的效果。

/ 美国集装箱公司 1937 年就开始做企业广告。在附庸风雅的艺术门外汉看来，那些广告的成功堪称是划时代的，不过我一直认为它们有点矫揉造作。但 45 年后，广告活动仍在持续，我开始意识到，这可能是有史以来最棒的企业广告之一。即便不读文案，我也能马上认出广告的赞助商是谁——就像认出一个穿着与众不同的人一样。他看起来很独特，所以他一定很独特。这是个秘密。这个广告让该公司在人们心目中变得与众不同。

09　为企业做广告　193

你不能指望只凭短期的企业广告，就能改变公众对企业的负面印象、拉升股价，或者给你的企业声誉加上一圈光环。1941 年，德士古公司被指控向纳粹出售石油，为了改善形象，他们赞助大都会歌剧院在广播电台播出演出剧目。尽管采用了这种相当慷慨的解毒良方，德士古公司还是花了相当长时间才消除了负面舆论的困扰。

/ 左标题：你是说纽扣？
　 右标题：他穿什么码？

在我看来，这是最棒的零售商企业广告。文案由莱斯利·珀尔撰写。这个活动的系列广告在《纽约时报》上每周出现三次，一直刊登了 26 年。文案想传达的理念是：华莱克斯（Wallachs）不仅出售高级服装，还提供不同寻常的细致、个性化而且友好的服务。广告活动开始前，广告代理商和企业进行了一次民意调查，了解纽约男性服装店在男性消费者心目中的排序，结果华莱克斯排名垫底。10 年后，华莱克斯已经位居榜首。

标题：如何把你的钱从西尔斯赚回来

西尔斯百货把绝大部分广告费，都用于减价商品的广告，但 1961 年，我说服他们增加一个传播经营之道的广告活动，以改善企业形象。

西尔斯的一些高管认为，这样的广告是花里胡哨地浪费钱财，但董事会主席凯尔斯塔德看得更长远。乔·库什曼成为凯尔斯塔德的继任者之后，告诉我说："我去西尔斯工作时，我父亲觉得没脸见人。现在，没人觉得在西尔斯工作是丢脸的事了。谢谢你。"

大部分企业广告都相当短命，因为那些企业既没有一开始就设定清晰的目标，也没有通过市场调查追踪企业形象的改进。不过杜邦是一个例外，他们的企业广告好评如潮。多年来，他们在自己赞助的每一个电视节目播出后，都坚持监测企业形象在观众心中的变化。

企业广告鲜少获得一个以上的支持者——唯一的那个，是 CEO，只有他才具备识别企业广告长期价值的见识。营销负责人认为从产品广告上分走的每一分广告费都是愚蠢的浪费，财务负责人则是只要收入有一点点下降，就虎视眈眈地盯着拨给广告的费用。

09　为企业做广告　　195

绝大多数企业广告的文案，都充满了让人读不下去的自私、浮夸、自命不凡，广告公司浪费无数小时编造出的那些广告口号，愚蠢得难以置信。来看这些"杰作"：

钻石三叶草公司：足智多谋的公司

霍尼韦尔公司：自动化的公司

博伊西卡斯卡德公司：值得关注的公司

乔治亚-太平洋公司：不断成长的公司

德拉沃公司：从事非凡事业的公司

德事隆集团：那家公司

通用汽车公司：大众造的车，服务**大众**

丰田汽车公司：以各种基本方式服务于**人们**的需求

风驰通轮胎公司：只要风驰通心中有**大众**，**大众**心中亦有风驰通

西门子公司：将创意呈现于**大众**

ITT工业集团（ITT）：最佳构想是能帮助**大众**的构想

通用电气公司：百年奋进，皆为**大众**

西电公司：我们的产品让**人们**更加亲密

美国钢铁公司：我们参与其中

泽勒巴赫皇冠公司：我们助力将理想变为现实

斯佩里兰德公司：我们懂得倾听为何重要

罗克韦尔国际公司：科学发挥作用的公司

杰西潘尼百货公司：我们知道你在找什么

凯米德隆公司：我们是成功的基石

## How to buy mink at Sears for Christmas

Is there any woman in the world who wouldn't like this mink for Christmas? Look again at the picture. This is a *natural* mink cape. It is made from as many as twenty-four matched skins. And lined in pure silk. You can see why it is called a *bubble* cape. Notice the set-back collar. It is extravagantly *deep* – and *luxurious*. In Paris, this style is called the *Blouson* effect.

This mink costs $575, plus the federal tax of ten percent. Any fur expert will tell you this represents fantastic value. He'll wonder how Sears does it.

The answer is knowing *how* to buy mink and *whom* to buy from.

Sears, Roebuck and Co. is one of the biggest sellers of mink in the United States. Its buyers purchase mink coats, jackets, stoles, capes and scarfs in *quantity* from a few selected suppliers.

These people respect Sears high standards. They know they are sure to get large and regular orders as long as they meet these standards. This helps them cut costs. They pass the savings on to Sears — and Sears passes them on to you.

This is the Sears way of doing business. It's why every department at Sears can offer you more value for your money – whether it is tires, diamond rings or denim pants. Or mink for Christmas.

*Satisfaction guaranteed or your money back.*

/ 标题：如何在西尔斯买圣诞节穿的貂皮大衣

西尔斯的另一个形象广告。谁能想到西尔斯还卖貂皮大衣呢？

请注意，这些话可以随意互换，任何一家公司都能使用其中任何一个文案。它们通常出现在广告的底部，谁也不会注意到，由于搅乱了版面，广告的阅读量因此而降低。

许多企业广告因投放资金不足而失败。动辄在品牌广告上花费数百万美元的企业，轮到宣传企业时，却会非常吝啬。安排广告预算最明智的方式是"分解任务"，计算清楚要面向一群特定受众达成一个特定目标需要花多少钱。

企业广告常犯的另一个错误是将广告活动局限于杂志和报纸，但如果加上电视，效果追踪研究会发现，广告的渗透率呈现引人注目的戏剧性增长。

给 CEO 一个提醒：你如果出现在自己企业的广告中，会走到哪儿都能被人认出来，更容易成为绑匪的目标，所以要小心点儿，而且，你说台词很可能也没有专业播音员那么流利。

## 字母汤

无论你的公司是做什么的，拜托行行好，一定不要把公司名称改为首字母缩写。所有人都知道 IBM、ITT、CBS、NBC 是哪家公司，但下面这些公司，你能认出多少：AC、ADP、AFIA、AIG、AM、AMP、BBC、CBI、CF、CNA、CPT、CEX、DHL、FMC、GA、GE、GM、GMAC、GMC、GTE、HCA、IM、INA、IU、JVC、MCI、NIB、NCP、NCR、NDS、NEC、NLT、NT、OPIC（不要和 OPEC 搞混）、TIE、TRW、UBS。然而这 37 家公司就是这么在自己的广告上署名的。他们要花上很多年和很多很多钱，才能教会公众认识这些缩写。这是多浪费钱的事。

标题：IBM 在曾经的拥堵时刻让纽约司机一路畅行。

这个广告活动强调 IBM 如何参与人们的日常生活——这是其中的一个广告，展示 IBM 如何帮助提升纽约交通高峰时段的通行速度。

## 企业广告能影响法律吗？

铁路巨头威廉·亨利·范德比尔特经常说"万恶的公众"。但林肯想的刚好相反："顺应民意，则无事不成；违背民意，则无事可成。"

那么，人们如何获得关于公共议题的信息呢？主要靠电视，而且主要来自像罗伯特·布莱克和简·方达这样的民间意见领袖，而非电视新闻节目。方达女士在电视上这样谈论公众议题：

09　为企业做广告　199

/ 标题：日本
　副标题：木屐声声，望月舞台

这是埃索石油公司为在日本开展业务，做了这个企业广告来取悦日本政府。

在石油溅上你的书桌、渗入你的社会活动资金、堵上你的耳朵、染黑你的心之前，你最好鼓起勇气和石油行业的黑暗势力抗争。因为如果你现在听不到我们的哭声，那么你将收获愤怒的葡萄。

广告人也要用同样的语言风格为企业写广告。

近年来，企业持续尝试运用广告影响能源、国有化、进口等议题的公众舆论。但麻烦的是，极少有读者相信企业说的话。1979—1980年，媒体研究所研究了电视节目如何刻画商人形象，结果发现，电视节目中出现的商人，有2/3被刻画成愚蠢、贪婪、不道德的形象，鲜少做任何对社会有益的事情。（据我所知，很多商人都花大量时间去做公益，离奇的是，他们的股票持有者居然视而不见。）

大部分企业高管对公众舆论中正在发生什么一无所知，这真令人费解。最近一期《哈佛商业评论》说："当商人们忙着想生意时，知识分子们却忙着推进强有力的抵制资本主义的浪潮。"当企业卷入政治困境时，在政治和社会议题上的幼稚，将会成为企业的绊脚石。

一些企业广告在影响法律方面获得了成功，比如，伯利恒钢铁公司运用广告争取公众支持他们在进口钢铁问题上的立场，我听说那次广告活动促成了一项保护钢铁行业法案的通过。

09　为企业做广告

标题：伯利恒钢铁公司正期盼一场战斗，一场公平的战斗。

这个广告敦促通过一项法案，保护面临国外钢铁倾销的钢铁行业。

环保主义者抨击林业不负责任地滥用国家资源时，惠好公司[1]用电视广告来说明，他们实际上高度负责。研究表明，广告奏效了，抵制浪潮逐渐消退。

几年前，英国工党宣布打算将银行国有化。银行业连续 6 个月发布有理有据的抗辩广告。市场调查表明，广告的量化指标非常好，迄今为止，银行业的国有化仍未实现。

礼来制药公司曾经连续 3 年发布电视广告，反对要求医生必须为患者开具非专利药品处方的法律。人们认为，那次广告对防止礼来制药主要业务受损起到了相当大的作用。

遵从以下规则，旨在影响公众意见的企业广告会更容易成功。

**如果议题很复杂（通常如此），尽可能有理有据地简化它。** 举例来说，

---

[1] 美国木材产品巨头。——译者注

关于什么食品营养丰富、什么食物更安全，消费者一直被各种各样让人迷惑的信息轰炸。1981 年，通用食品发布了一系列广告，就此给出了简单清晰的建议。

复杂问题简单化的一个经典案例是切萨皮克-俄亥俄铁路公司一个广告的标题："猪不用换火车，就能横跨整个国家——但是你不能！"

但也要当心，如果简单化造成议题扭曲失真，就是侮辱人们的智商，对你有害无益。

/ 标题：猪不用换火车，就能横跨整个国家——但是你不能！

这个广告很可能是有史以来关于公共议题的最佳广告。

09　为企业做广告　203

标题：关于食物和你的健康的明智说法

奥美为通用食品做的系列企业广告之一，把复杂话题用简单的方式阐释清楚。

标题：超额利润还是超额税收？

美孚石油希望用坦率的广告文案影响公众意见，但实际上，他们的诉求只面向了少数受教育程度比较高的读者。

**站在读者的利益来制作你的企业广告。** 美孚石油曾经连续数年用个性鲜明、非常罕见的广告影响公众意见。美孚负责人认为广告起到了积极的作用，不过我有理由相信，那些广告对受教育程度较高的少数人比对普通公众有效得多，它们很少甚至完全没有针对普通公民的利益做有效的诉求。

**用坦率消解批评。** 阿姆科公司（ARMCO）曾经有个坏名声，被认为是休斯敦污染最严重的企业。他们在广告中直面这件事，告诉公众他们对生产方式做了哪些改变。广告明显提升了企业声誉。

**就议题给出正反两方的意见。** 处理反对修建公路、反对露天开

/ 标题：休斯敦，你听到了吗？
　副标题：钝吻海豚想告诉你，轮船航道上正在发生的一些良好转变。

阿姆科公司通过企业广告告诉休斯敦的人们，他们为改善航道污染做了什么。

09　为企业做广告　205

采的公众舆论时，卡特彼勒拖拉机公司就在广告中给出了正反两方的意见。

**知道广告的目标受众是谁**。每年只需要花不超过80万美元的广告费，你就能触达议员和联邦政府官员，但这对你没多大好处。立法委员们会对你的广告置若罔闻，除非他们知道你在对选民说话。据报道，拉尔夫·纳德（Ralph Nader）[①]曾说："如果你在街头面对公众时软弱无力，那你就是软弱无力的。"

国会考虑对石油企业征收超额利润税时，多家石油公司都刊出了以议员为目标受众的抗辩广告，但社会和政治上的压力太大了，公众被鼓动得民情汹涌，法案最终获得通过。如果能早点儿开始，能面向普通民众，文案能写得更兼顾各方利益，我想那些广告应该会起到一些作用。

很多公司都告诉过我，他们的广告只需要触达那些能影响别人的意见领袖。这听起来有点儿道理，也不会让广告费过于高昂。但问题是，谁也不能确切知道意见领袖到底是谁。是大主教？酒吧招待？爱管政治闲事的人？喋喋不休的出租车司机？意见领袖散布在茫茫人海中。

在多数情况下，你对公众意见多少产生一点儿影响的唯一希望，就是对尽量多的人做广告——而且是用电视。电视是各种观点交锋的战场，公众意见也在此形成。

## 坏消息

如果你的目标是影响立法，美国国税局不会允许你的广告费作为业务费用列支。更糟糕的是，电视网也不接受"游说"类广告。所以你只

---

[①] 拉尔夫·纳德：美国律师、作家、公民活动家、现代消费者权益之父，催生汽车召回制度，曾五次参加美国总统竞选。——译者注

能使用地方媒体，一个地方一个地方地去争取。很可能你最终需要综合运用当地媒体组合，包括地方电视台、《华盛顿邮报》、《纽约时报》和一些面向上流社会的杂志等。

大部分游说类广告的规模都太小，而且做得太晚。它们面对错误的目标受众，缺乏确定的目标，持续的时间不够长，没有精耕细作，而且呼吁的是全无希望解决的问题。所以，都失败了。

游说类广告不是新手能干的活儿。

# 10.
## 如何为国际旅游做广告

# Ogilvy

人们认为我是旅游广告领域的"大拿",因为我做过"欢迎来不列颠""欢迎来法国""欢迎来美国""欢迎来波多黎各"等旅游广告;为包括冠达邮轮、P&O 邮轮、荷兰皇家航空(KLM)在内的多家邮轮和航空公司做过广告;还服务过为国际旅游提供金融工具的美国运通。

为异国做广告,你得做好遭受猛烈政治抨击的准备。市场调查告诉我,去英国的美国游客更希望看到富有历史、代表传统的景点——威斯敏斯特大教堂、伦敦塔、白金汉宫卫兵换岗、牛津等等,所以我在广告中着重突出了英国的这些特色,结果却遭到了英国新闻媒体的口诛笔伐,他们认为我把英国塑造成了一个生活在过去的国家,并质问我:为什么不把英国表现为一个发达的工业社会?为什么不突出英国新建的核电站?因为市场调查告诉我,美国游客并不想看到这些啊,仅此而已。

广告投放前,英国在美国游客最想去的欧洲国家中排名第五,现在是第一。

不久前,英国工党政府下令说,"欢迎来英国"的广告应该突出表现英国那些经济萧条的地方,他们认为外国游客可以帮助改善当地的失业状况。我不得不向他们指出,伯明翰、利物浦、维甘和威尼斯、巴黎、阿姆斯特丹根本就没法比。

**London's heart beats faster as the Life Guards clatter by**

SUDDENLY, sharp against the humdrum roar of traffic, comes the clean clip of hoofbeats. Your eye is caught by the bobbing scarlet of the Life Guards, or by sunlight blinking on the Horse Guards' silver breastplates.

All heads turn as the cavalry troop sweeps by with a brave jingle. London's heart beats faster. Yours will, too.

This is a daily scene from London's passing show. It's part of the ageless pageantry of Britain.

In spring, summer, fall and winter, special red-and-gold days of pomp and circumstance await you. Whether you're here for Trooping the Colour in June—or in November for the Lord Mayor's Show—you will be struck by the British genius for showmanship in the grand manner and great tradition.

It costs so little, nowadays, to visit this friendly country. You can fly round trip from New York to London for only $453.60 (to Scotland for $27 *less*); or go both ways by ship for $400—with an *extra* saving of $50 between September and April. Call your travel agent today.

*For free color booklet "Royal Britain," see your travel agent or write Box 135, British Travel Association.*
*In New York—680 Fifth Ave.; In Los Angeles—606 South Hill St.; In Chicago—39 South LaSalle St.; In Canada—90 Adelaide Street West, Toronto.*

/ 标题：卫队嗒嗒走来时，整个伦敦心跳加速

为异国做广告时，要采用那个国家独有的事物做插图。这篇了不起的文案由鲍勃·马歇尔撰写。

212　奥格威谈广告

> Henry VII, Elizabeth I and Mary Queen of Scots are buried in this chapel.

## Tread softly past the long, long sleep of kings

THIS IS Henry VII's chapel in Westminster Abbey. These windows have filtered the sunlight of five centuries. They have also seen the crowning of twenty-two kings.

Three monarchs rest here now, Henry, Elizabeth and Mary. Such are their names in sleep. No titles. No trumpets. The banners hang battle-heavy and becalmed. But still the royal crown remains. *Honi soit qui mal y pense.*

When you go to Britain, make yourself this promise. Visit at least *one* of the thirty great cathedrals. Their famous names thunder! Durham and Armagh. Or they chime! Lincoln and Canterbury. And sometimes they *whisper*. Winchester, Norwich, Salisbury and Wells. Get a map and make your choice.

Each cathedral transcends the noblest single work of art. It is a pinnacle of faith and an act of centuries. It is an offering of human hands as close to Abraham as it is to Bach. Listen to the soaring choirs at evensong. And, if you can, go at Christmas or Easter.

You will rejoice that you did.

*For free illustrated literature, see your travel agent or write Box 608, British Travel Association.*
*In New York—680 Fifth Ave.; In Los Angeles—612 So. Flower St.; In Chicago—39 So. LaSalle St.; In Canada—131 Bloor St. West, Toronto.*

/ 标题：放轻步履，走过长眠的国王们

调查表明，比起别的，美国游客最希望在英国看到威斯敏斯特大教堂和其他历史悠久的建筑。这个富有表现力的广告由我的前同事克利福德·菲尔德撰写。

在欧洲为美国做广告时,我们也运用市场调查去搞明白欧洲人想在美国看到什么。答案是曼哈顿、大峡谷、旧金山、尼亚加拉大瀑布和牛仔。所以我们的广告就突出表现这些来吸引他们,直到美国旅游局要求我们在广告里加上一些南达科他州的画面——参议院负责表决广告预算的委员会里,正好有一位来自那儿的参议员。

接手法国政府在美国的旅游广告业务时,我们的客户,也就是负责这项业务的那位官员,在他的上司部长大人那儿根本说不上话,我们被夹在中间,左右为难。

全球有 24 个国家以旅游业为三大外汇收入来源之一,但其中大部分国家的政府都没有给旅游部门充足的广告预算,德国、意大利、荷兰、西班牙、比利时、斯堪的纳维亚诸国,还有很多其他国家都是如此。但加拿大、英国、希腊、爱尔兰和加勒比海的一些岛国是例外。几年来,美国国会给美国旅游局的拨款少得可怜,过不了多久,可能连这点儿钱也没有了。

有时你会发现,用广告来改变国家形象是一件非常明智的事。我钟爱的波多黎各,曾经拥有最糟糕的形象。调查表明,从没去过那儿的美国人都认为那里肮脏、危险、粗鄙不堪。当我们在广告里展现出波多黎各真实的样子——美丽且浪漫,游客蜂拥而至。

尽管国家广告应该致力于在读者心目中建立这个国家的长期形象,不过有时仍然需要临时安排一些广告,解决暂时性问题。1974 年,美国新闻媒体连篇累牍地报道英国的电力短缺,足够打消美国人去英国旅行的勇气,他们可不想黑灯瞎火地享受自己的假期。媒体并没有报道电力短缺是如何结束的,但我们在广告中谈到了,效果调查表明,潜在游客造访英国的意愿获得了令人满意的提升。另一项调查表明,想去英国旅行的美国人很担心英国物价高昂,我们通过在广告中给出酒店和餐厅的真实价格,解决了这个问题。

/ 标题：百慕大
　　副标题："我们把船开到百慕大的一个小海湾，那儿只有我们两个人。"

**百慕大旅游广告的画面经过精心设计，用来吸引目标游客。**

10　如何为国际旅游做广告

标题：门前的少女——摄于古老的圣胡安

**波多黎各吸引外国游客到访的最大障碍是当地的形象。调查发现，人们认为波多黎各是最脏、最穷、最粗鄙的加勒比海岛。没有什么比真相更有说服力，我在广告中证明了这一点，结果波多黎各的旅游业获得了跳跃式的增长。**

# Girl by a gate
## —in old San Juan

Time stands still in this Puerto Rican patio. That weathered escutcheon bears the Royal Arms of Spain. You might have stepped back three centuries. In a sense, you have.

You start to wonder. Can this really be the Puerto Rico everybody is talking about? Is this the island where American industry is now expanding at the rate of three new plants a week? Is this truly the scene of a twentieth century renaissance? Ask any proud Puerto Rican. He will surely answer, yes.

Within minutes from this patio, you will see the signs. Some are spectacular. The new hotels, the four-lane highways, the landscaped apartments. And some are down-to-earth. A tractor in a field, a village clinic, a shop that sells refrigerators. Note all these things. But, above all, *meet the people.*

Renaissance has a way of breeding remarkable men. Men of industry who can also love poetry. Men of courage who can also be tender. Men of vision who can also respect the past. Make a point of talking to these twentieth-century Puerto Ricans.

It won't be long before you appreciate the deeper significance of Puerto Rico's renaissance. You'll begin to understand why men like Pablo Casals and Juan Ramón Jiménez (the Nobel Prize poet) have gone there to live.

Copyright Commonwealth of Puerto Rico, 666 Fifth Avenue, New York 19, N.Y.

◀ *How to find this patio in old San Juan. Ask for the City Hall. They call it the Ayuntamiento in Spanish. Walk straight through the Center's building and there is your patio. This photograph was taken by Elliott Erwitt.*

上左标题：不列颠重新灯光璀璨！
上左副标题：哈利路亚！好时光回来了！还有更多激动人心的消息等待着人们来到不列颠。

1974 年，美国游客失去了去英国旅行的勇气，因为新闻媒体报道说英国正在发生严重的电力短缺。这个广告宣告了电力短缺的结束。

上右标题：525 座城堡和宫殿，15 美元；住宿加早餐，13 美元；卫兵换岗，免费；农夫午餐，1.95 美元；2 份大宪章，免费。这一切成就了美好的不列颠之行。

美国人担心英国物价高昂时，这个报纸广告刊出了一些真实的价格。

标题：在秘鲁的福塞特，和友善的印第安人谈谈天气，他父亲曾是头号猎手

秘鲁航空公司福塞特航线的系列广告之一，吸引了 20000 人索取正文结尾处承诺派发的小册子。

218　奥格威谈广告

／ 这张照片是旅游广告史上最杰出的作品，用精湛的时尚感激起了人们对法兰西乡村的兴趣。照片由埃利奥特·厄威特拍摄，灵感来自比尔·伯恩巴克。

10 如何为国际旅游做广告

为吸引游客造访牙买加，DDB 创作了这套经典的旅游广告。

    影响旅游广告成败的最重要的因素，可能是你选择的广告插图的主题。我的建议是，要选择这个国家独有的事物。人们不会横跨半个地球去看他们在自己家里就能看到的东西。想说服瑞士人造访美国，别在广告里展示滑雪胜地；想要法国人来美国，别在广告里跟他们谈美食。

    一些国家担心外国游客会搞砸他们的文化环境。几年前，希腊每间教堂的小讲坛上，人们都在读同一段祈祷文，请求上帝让希腊人免于外国游客的"祸害"。不久前，我去克里特岛时发现，很明显，他们的祈祷没有得到应许。百慕大是个很容易就变成像迈阿密海滩一样的地方，但是他们的广告做得很明智，只瞄准他们欢迎的那些美国人。

    绝大多数去海外旅游的人，都多少受过点儿大学教育，热衷附庸风雅，尤其是太太们。去欧洲，他们会遍访博物馆、教堂、城堡以及诸如

/ 标题：新加坡让人着迷……

**给鲜为人知的国家做广告时，给出大量信息非常有用。奥美为新加坡做的这个报纸广告就是如此。**

此类的地方。我遇到过的一个得克萨斯人是个例外，他跟我说："导游让我们在威尼斯待了两天。威尼斯有什么好看的？看过了玻璃工厂，就没别的了。"我的一位朋友被家人勉强说服，跟着他们满欧洲看教堂。回到明尼阿波利斯几天后，他觉得有义务给我看看他自己的教堂，"没错，"他说，"那该死的东西我们这儿也有。"

人们都梦想着去游览别的国家，广告的任务是让他们把梦想变成行动。把令人垂涎的风景美照和旅游攻略结合起来，是广告达成目标的最佳方式。比如，展示一张古老的牛津大学的照片，然后告诉读者去那儿看看要花多少钱。为鲜为人知的国家做广告时，给出大量信息尤其重要。在为新加坡做的一个横跨报纸两个整版的广告中，我们告诉读者到那儿去应该穿什么，那的天气如何，使用什么语言，吃什么样的食物，花费

10　如何为国际旅游做广告　　221

> 我把标题写成了法文，下面加上小字的英译——广告获得巨大的阅读量，也成功地把法国和其他旅游目的地区分开来。

如何，事无巨细全都交代得清清楚楚。

对大多数美国人来说，出国旅游的花销是最大的障碍。紧跟着花销的，我想是担忧，担忧没办法和当地人沟通，担忧会在外面丢钱，害怕外国人——研究表明，美国人认为英国人礼貌、诚实、冷淡，法国人粗鲁、放荡、下流，还害怕吃不惯当地的食物。你的广告应该尽最大努力减轻他们的这些恐惧。

旅行的模式特别容易受时髦风潮影响。某一年，可能流行去维尔京群岛，下一年，大家又都喜欢去夏威夷。尽量把你在做广告的国家加入这样的流行地图中，可以使用像这样的标题："突然，每个人都去鲁里坦尼亚（Ruritania）①了。"

旅游广告刊登在杂志上效果颇佳，如果在电视上发布，效果会更好。DDB 为法国做的一系列电视广告就特别迷人。我特别清楚地记得其中一个广告试图说服美国游客去参观法国的各个省："看遍法兰西，你再也不想回巴黎。"

我相信，魅力和与众不同在旅游广告中非常奏效，如果你用法语写广告标题，所有人都知道你在为法国做广告。

---

① 原意为"理想国"，这里指代广告中的国家。——译者注

# 11.

## B to B广告的成功秘诀

# Ogilvy

过去的贸易广告或工业广告，现在业界更喜欢叫它 B to B 广告，这样听起来好像更高级。这类广告产品的目标客户是企业。这一章，我会讲讲我对 B to B 广告的了解，这些了解很大程度上来自麦克劳－希尔公司的研究成果，在此一并致谢。

## 印刷广告

麦克劳－希尔的研究结果表明，就推销员的平均花费而言，上门拜访是 178 美元 / 次，推销信件是 6.63 美元 / 封，推销电话是 6.35 美元 / 次，而通过广告触达一位潜在客户，只需要花 17 美分。

当然，尽管广告更高效，但仅凭广告，极少能直接成交。广告的作用是进行预销售、吸引潜在客户，为推销员铺平道路。

工业公司的采购通常受到 4 个因素的影响，而你的销售人员未必了解所有这些因素。在有权决定要采购的商品需要符合哪些要求的人中，60% 的人都会先通过广告了解市面上有哪些同类商品可供选择。

总的说来，在消费者广告中奏效的那些技巧，在 B to B 广告中依然奏效，包括向读者承诺利益、告诉他们一些新消息、提供证言、提供有帮助的信息等。

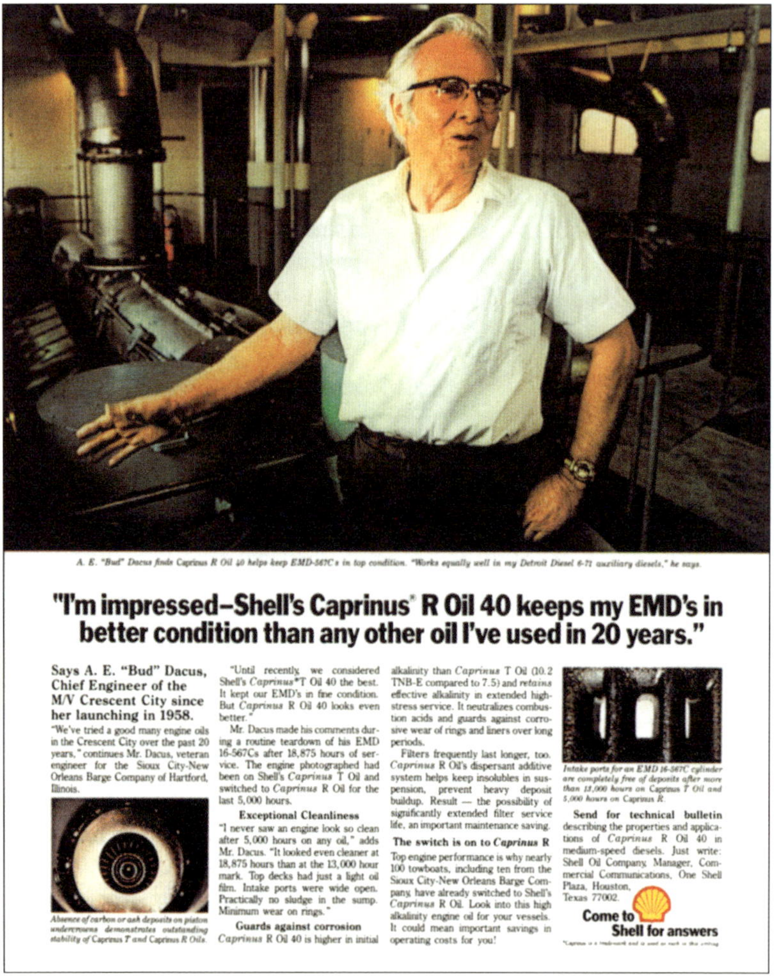

标题:"壳牌 Caprinus R Oil 40 内燃机润滑油让我的 EMD 内燃机运行状况良好,效果比 20 年来我用过的其他任何润滑油都要好。"

首段黑体:A. E. 巴德·达克斯说,他自"新月城号"1958 年下水以来,一直担任轮机长。

证言非常有效,只要它们出自人们认可的专家之口,而那些专家又来自著名公司。

确保你在广告中提供的承诺对消费者来说是真正重要的。一家计算机软件供应商很为自己的公司规模感到骄傲，想在广告中突出这一点，但市场调查发现，消费者对公司规模不感兴趣，他们更想要负责任的态度、技术支持、服务——当然，还有一个好产品。

让你的承诺具体明确。用百分比、运行时间、能省多少钱等具体信息替代一般性说辞。要知道，你是在对工程师们说话。

证言非常有效，只要它们出自专家之口，而那些专家又来自值得信赖的公司。来自巴德·达克斯的证言，会对拖船工程师很有说服力，因为他已经在密西西比河上工作了 25 年，比马克·吐温在这条河上工作的时间还长。

通过示范，把你的产品和竞品做比较，是最有效的方式。尽量想出一种读者可以自己来证明的方法，比如请读者用硬币刮一刮你公司生产的通风管道的内壁，来看看它有多结实。

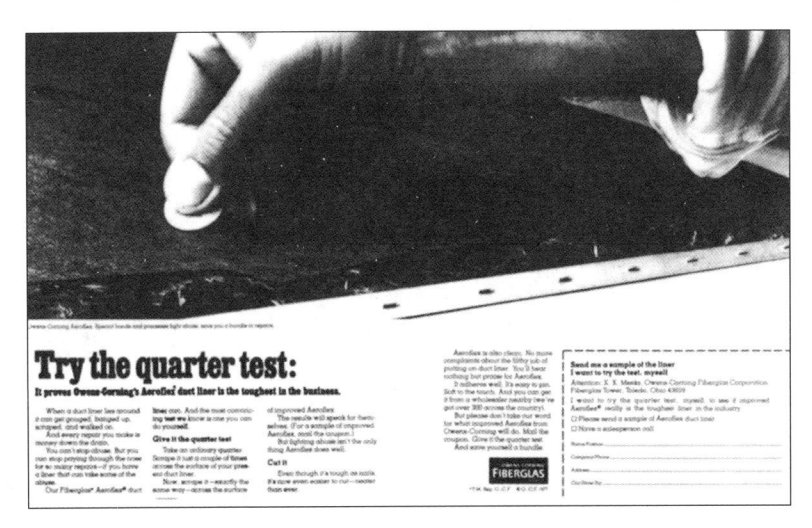

／ 标题：拿 25 分硬币来试试看

想出一种读者可以自己来证明的方法很有好处，这个广告就是一例。

11　B to B广告的成功秘诀　　229

新闻也很有效。读者浏览技术期刊上的广告，就是在找新产品。麦克劳－希尔的一项研究发现，同一份期刊上，广告的效果是文章的两倍，这让我非常吃惊。所以，在广告中一定要郑重而且清晰地宣布你的新消息。

对读者的工作有帮助的信息也相当有效，只要这些信息和你的产品密切相关。比如，你可以向读者展示如何核算因为使用你的产品而省下的钱。

一些文案撰稿人假设，读者会和他们自己一样，认为广告中的产品很无聊，所以想方设法用小狗、婴儿、女性胸部的图片诱骗读者来看

/ 一些文案撰稿人假设，读者会和他们自己一样，认为广告中的产品很无聊，所以想方设法用小狗、婴儿、女性胸部的图片诱骗读者来看广告。这是个错误。

广告。这是个错误。一个为海上石油钻机采购弹性管道的买家，除了管道，对这世界上的其他任何东西都不感兴趣，所以应该直截了当地给他看管道。

版面编排要简单，摒弃二流艺术指导们热衷的那些附庸风雅的技巧，如大到不可读的字体、古怪的设计、放在页面底部的标题等等。把广告做得和内容版面风格一致，你会赢得更多读者，比用那些二流技巧效果好得多。

标题的读者是正文的 5 倍。标题没有销售力，你就是在浪费金钱。标题应该承诺利益、传达新消息、承诺服务、讲一个意味深长的故事、指出一个问题，或者援引一位满意消费者的证言。

正文的读者极少能超过出版物读者数量的 10%。但有这 10% 就大有希望。愿意花时间去读正文的人，一定对你正在卖的东西有足够的兴趣。你对他们说什么，决定广告的成败。

如果是为泡泡糖或者内衣做广告，你可能觉得没什么可说的，但如果要为计算机或发电机做广告，就需要使用长文案。别怕写长文案。超过 350 个单词的长文案，实际上比短文案能吸引到更多读者。

在商业杂志上，彩色广告版面只比黑白广告版面贵三分之一，但彩色广告能吸引到的读者是黑白广告的两倍，所以彩色广告性价比更高。

广告中所有图片的下方都应该附有说明文字。读图片说明的人，是读正文的人的两倍。最好的插图说明，本身就是个迷你广告。

## 电视广告

B to B 广告正在加速转向电视。运动和新闻类节目的观众中，包含相当高比例的商界人士，因此这些节目的广告时间很值得购买。在电视广告中，适用于消费者广告的那些规则，也同样适用于 B to B 广告。

新闻和示范尤其有效。甚至幽默也占有一席之地，比如联邦快递那个极其滑稽的阿丽和加格诺电视广告。不过，在这个广告中，用幽默来支持结尾那句强有力的承诺"想次日必达，选联邦快递"并没有意义。

一些商用产品无法通过 30 秒的电视广告达成销售，在这种情况下，我建议你舍弃广告频次，而选择更长的广告时长，以充分传达销售信息。比如 IBM 计算机，我们就选择了 3 分钟时长的电视广告。

一些小规模的 B to B 广告主会刻意避开电视广告，因为电视广告的制作费用太高了。其实，如果能直奔主题，并且承诺切实的利益，制作费不高的电视广告也同样非常有效。我曾经见过一个例子，一款工业品的电视广告引得太多人来咨询，不得不停播，因为销售人员实在是应接不暇。还有一款工业品，两个月的电视广告吸引来的问询比一年的印刷广告都多。（但是，印刷广告的销售转化率高于电视广告。）

## 为基本商品建立差异

人们认为，很多工业品之间都没有明显的差异，如果有，也只比基本商品之间多一点点。你如何把你生产的螺栓、垫片、机床和竞争对手的同类产品区分开来呢？不过，莱维特教授（Levitt）[1]说："并不存在基本商品这种东西，所有商品和服务都是可区分的。"

在《哈佛商业评论》的一篇文章中，威廉·K. 霍尔教授基于一项覆盖从钢铁到啤酒等 8 个行业的研究指出，最成功的企业，是将产品和服务做了最佳差异化的企业。

根据霍尔教授的观点，最成功的企业采取两种方式为他们的基本商

---

[1] 可能指西奥多·莱维特（Theodore Levitt），1925—2006，现代营销学奠基人之一，曾任教于哈佛商学院，并担任《哈佛商业评论》主编。——译者注

品建立差异：一是承诺使用该产品可以降低成本，二是为产品建立拥有最佳品质或者最佳服务的声誉。而广告，既可以帮助传播价格优势，也能奇迹般地为你创造品质或者服务上的好名声。

1972年之前，欧文斯－科宁公司生产的保温材料主要卖给住宅建筑商。当时保温材料看起来都一样，是一种基本商品，因此欧文斯－科宁的广告看起来和所有同行的广告都非常相像。后来，能源价格上升，新住宅建设下降，欧文斯－科宁开始向现有住宅的所有者做广告，把自己差异化为能帮助他们降低燃料花费的品牌。这个差异化行动通过一个看起来完全不重要的产品特征实现：他们把产品做成了一种独有的颜色。

今天，欧文斯－科宁的玻璃纤维，已经完全跳出了"基本商品陷阱"，在所有保温材料中，拥有品质最佳的声誉，远超同行，和第二品牌相比，消费者偏好度是3∶1。

## 如何促发问询

麦克劳－希尔的研究报告指出，几乎所有问询都来自头脑中已经有明确需求或应用场景的人，其中相当高比例的人会在问询后6个月内采取购买行动。

所以，永远在广告里放一个免费的电话号码，让问询尽可能又快又简单。在美国，有七成的商业期刊读者会使用免费问询电话。同时，在广告中使用业务回执和问询单，以获取问询者的更多信息。这三者组合使用，可以确保你获取最大数量的产品问询。

此外，在正文的最后，要列明报价和你的地址、电话。在订阅者之外，商业杂志通常还会被另外三位读者阅读。如果第一位读者剪掉了问询单，而广告中又没有其他地址信息，后面的读者就没有办法对你的广告做出回应了。

## 分析你获得的问询

分析你通过广告获得的问询以及问询者的问询途径，这样，你就可以回答老板一定会问的那个问题："广告收到了什么实际效果？"以下是分析问询的三种方式：

1） 从所有问询中抽取一些样本，做出一个总体描述：他们是否想购买你的产品？是通过销售人员的电话访问确定了继续商谈的时间，还是先记下了你的产品，留待日后购买？
2） 询问跟进这些资讯的销售人员：问询是否达成了销售？这位客户是新的潜在买家吗？销售人员如何看待这个客户：是一次性买家，还是有增长性的买家，还是根本不可能购买？对一次问询带来的销售结果的深入研究，比任何其他方式都更能证明你的广告的价值。
3） 把问询和带来问询的媒体结合起来分析，这会帮你对所选择的广告投放媒体做出微调。使用此法，一位制造商节省了25%的广告预算。

## 向企业高层做广告

很多商业采购都既需要获得采购部门的批准，也要获得企业最高管理层的首肯。企业高层对采购者认为很重要的那些产品细节也许没什么反应，甚至都不能理解，他们只关心董事会的利益——尤其是费用的节省。

标题：自己算一算，壳牌产品能为你的车队省下多少钱

使用 Rotella'T 多速率 15W-40 润滑油，每年省下成千上万美元！

在 B to B 广告中向读者展示如何核算他因为使用你的产品而省下的钱，是一种有效的策略。这个广告无论刊登于何处，都获得了最高的阅读量，而且收获了数百个重印要求。

所以有时需要分别推出不同的广告活动：一个针对企业高层，一个针对阅读商业出版物的采购者。

11　B to B广告的成功秘诀　235

# 12.

## 直邮广告：
## 我的"初恋"和秘密武器

**在杂志和电视上做直接反应广告的提示**

# Ogilvy

有一天，一个人走进伦敦一家广告公司要见老板。他在乡下买了一幢房子，想把它开成旅馆，问广告公司能否帮他找到顾客。他有500美元可作为广告费。不出所料，老板把这桩业务交给了办公室打杂的小弟，也就是我。我用那500美元买了些便宜的明信片，寄给住在附近的有钱人。6周后，那家旅馆开业即爆满。这让我尝到了甜头。

从那时起，我就成了广告行当里一个不受欢迎的人，因为不断游说整个行业给予直邮广告更多重视，别再把做直邮广告的人当成行业里的混混。直邮广告是我获取纷至沓来的新业务的秘密武器，帮助奥美迅速成功。

现在，因为计算机的使用，直邮广告进入了大爆发的阶段。计算机让人们能从邮件列表中按照每一种你能想到的人口统计学分类、按照购买频次、购买总量选择收件人。使用计算机，你可以借助"合并与清除"功能，很方便地从不同邮件列表或同一个列表中删除重复的收件人，甚至还可以避免发信给那些不想收到邮件的人。

使用计算机，你还能让成千上万封邮件中的每一封都包含收件人的名字，不仅可以在开头直接称呼收件人，还能让他的名字在邮件正文中重复数次。

绝大部分直接反应广告的购买行动都通过信用卡达成，因此，信用卡发卡公司可以清楚地知道谁买过什么。如果你付款购买过到佛罗里达迪士尼主题公园的旅行，我就可以发给你关于加利福尼亚迪士尼乐园的邮件。

直邮广告最大的用户是寻找订户的杂志出版商、邮购公司、食品商店、百货公司、唱片俱乐部和读书俱乐部。据统计，目前美国每年通过直邮广告达成的销售已经超过 1000 亿美元。

可惜的是，直邮销售行业也有很多唯利是图的骗子，包括1万个假"牧师"，甚至《纽约时报》也曾经被牵涉进此类事件。1980年，有150万消费者向商业改善局（Better Business Bureau，BBB）投诉商家不发货、发货延迟、货物破损等问题。在整个市场营销中，直邮广告是最容易出现欺诈的领域。即便如此，规模庞大的直邮广告的主体仍然是诚实可信的。

那些通过批发商和零售商以常规渠道分销商品的广告主，很难从市场营销组合中、各因素的效果中单独识别出广告的效果，但直邮广告主对邮件销售效果的衡量，可以精确到一美元。这让他们能测试每一个广告。在直邮广告中，测试是最重要的部分。

你可以测试邮件中的每一个可变因素，精确地算出它们的销售效果。不过，因为一次只能测试一个因素，逐个测试在经济上是沉重的负担，你必须选好测试哪一个。经验丰富的从业者通常只测试几个可变因素，但很少测试那些就经验所知对广告效果影响不大的因素。除了产品定位，需要测试的最重要的可变因素包括价格、付款方式、购买奖励和邮件的格式。

价格和付款方式至关重要，你可以通过样本邮件来测试它们。一份艺术杂志曾经测试过三种订阅付款方式，第一种是 65 美元 56 期，第二种是 42.5 美元 39 期，第三种是 29.95 美元 29 期。你猜哪种方式会胜出？测试结果是，第三种方式多获得 35% 的纯利，尽管它让出了 40% 的折扣。

> **A solid silver issue
> so limited only a fraction of Olympic Coin
> collectors can own this edition**
>
> Only an extremely limited number of 1980 Olympic Coin Collections will be minted and offered to collectors—so few, in fact, that only a fraction of 1976 Olympic Coin collectors will be able to own them.
>
> For example, only 450,000 of each Coin in Series I Geographic will be minted. 100,000 will be reserved for distribution within the Soviet Union and other related Socialist countries—leaving a total of only 350,000 for the rest of the world. In contrast, the 1976 Montreal Olympic minting was between 650,000 and 1,480,000 of each Coin, depending on the Series.
>
> The 1952 Helsinki issue was 600,000. And the 1964 Innsbruck issue was 2,900,000.
>
> Nearly half a million collectors in the U.S. and Canada purchased Canadian Olympic Coins. Yet, the entire number of 1980 Olympic Coins available to North American collectors is only 20 percent of the Canadian Olympic Coins available in 1976.
>
> In the entire history of Olympic Coinage there has never been an issue quite like this one. These rare and beautiful Coins commemorate the first Olympic Games ever held in the USSR. They are the first Proof Quality Coins ever minted in the Soviet Union. They are legal tender in the USSR, backed for their full face value at the official rate of exchange by the Soviet Authorities.
>
> And because so few 1980 Olympic Coins will be available, their importance is even further enhanced.
>
> **Certificate of Authenticity**
> All Proof Quality 1980 Olympic Coins come with a signed and numbered Certificate of Authenticity, which validates the Proof Quality of the Coins, their precious metal content and their identity as the Official 1980 Olympic Issue by authority of the Chief Manager of the Goznak Mints.

／ 标题：一款发行量非常有限的实心银币，只有少数奥运会纪念币收藏者能拥有这一版

这份专门销售莫斯科奥运会银质纪念币的直邮广告取得了非常好的效果。

通过直邮广告销售莫斯科奥运会银质、金质、白金纪念币时，只销售银币的邮件带来的购买整套纪念币的订单，竟然比专门销售整套纪念币的邮件带来的订单还要多。

如果利润率允许，提供免费的购买奖励会很有效。测试不同奖励方式的效果，最有效的是抽奖赢现金。抽奖赢现金、购买得赠品、免费赠送、降低价格会帮你获得第一批订单，但以这些方式吸引来的消费者往往不会转化成长期买家。

不打折并要求购买者现款支付，会降低广告的回应人数，不过此方式的长期顾客转化率会很多。是否真的如此，还得靠测试说话。测试越多，你的直邮广告效果就会越好。

一旦产出一个能带来良好利润的邮件，就把它当成"控制组"，继

续测试其他方式,看看能不能做出效果更好的邮件。你可以试着加上赠品、加上购买截止日期,或者给邮件加个附件,比如公司总裁写给潜在顾客个人的一封信。做这些测试需要花点儿钱,但如果能提升利润,又何必在乎呢?

有时,这种所费不菲的对照测试也可以做得不那么昂贵,而且不会减少订单。你可以测试一个小一点儿的名单列表,或者去除邮件中的人性化元素,或者把广告小册子从四色印刷变成双色印刷,甚至干脆取消小册子。这些测试可能会带来惊喜。有时,少即是多。

测试证明,有的新方法会带来奇迹。我们为赛斯纳嘉奖(Cessna Citation)公务飞机做过一次这样的探索,结果相当让人惊喜。我们给目标消费者寄去了一只活信鸽,邀请他们免费乘坐一次"嘉奖"。收信人需要把自己的地址绑到信鸽腿上,把它重新放飞。一些收信人吃掉了鸽子,但一些鸽子活着飞了回来。这次广告,至少售出了一架"嘉奖"飞机——售价60万美元。

> **"我哥哥弗朗西斯曾经用希腊文给私立学校的校长们写过一封信,销售厨房炉灶。一些人回信说读不懂希腊文,他就又写了一封——用拉丁文。"**

我哥哥弗朗西斯曾经用希腊文给私立学校的校长们写过一封信,销售厨房炉灶。一些人回信说读不懂希腊文,他就又写了一封——用拉丁文。这封信让他获得了不少订单。

成功的直邮广告并不总要依赖购买奖励、广告小册子或者林林总总的其他东西。我曾多次见过广告仅凭信件本身就获得了令人满意的效果。但这样的信,得是长信。梅赛德斯-奔驰有1170辆过时的柴油车卖不出去,我们写了一个5页纸的直邮广告,卖出了那些库存车辆。我们还曾经为冠达邮轮做过长达8页纸的直邮广告,也大获成功。

## 杂志和电视上的直接反应广告

前文谈论的都是直接反应邮件,接下来我要讲讲与直邮并行的另一种直接反应广告形式——在杂志和电视上发布广告,邀请人们直接向你下订单,而不是去商店购买。

在印刷广告中,标题是最重要的元素。前几天,我见到一个案例,一个标题带来了五倍于另一个标题的订单。如果在标题中承诺了最强有力、最与众不同的利益,你就走在通往成功的路上了。

拍摄高质量的产品照片要比质量低劣的照片花更多的钱,但它们也有助于你卖出更多的商品。想展示无法拍成照片的东西,比如产品内部的剖面,你可以使用绘画。

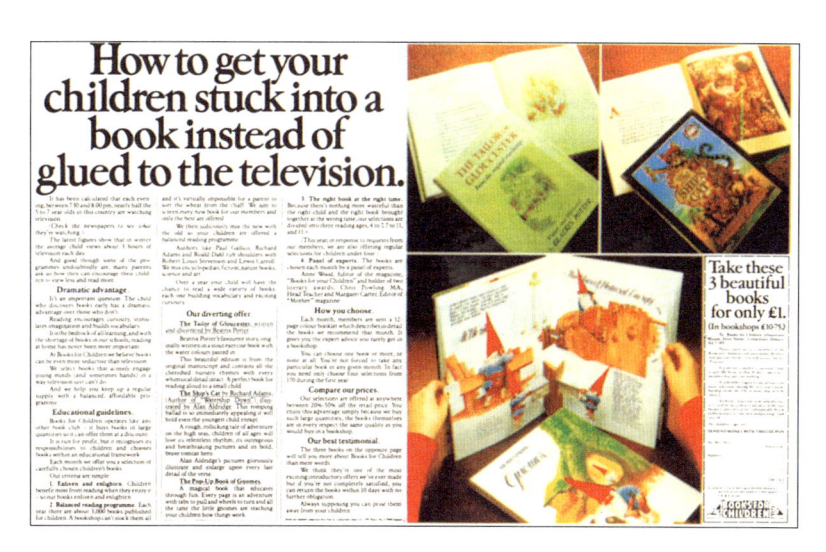

／ 标题:如何让你的孩子沉迷书本而不是盯着电视。

哪对父母能抗拒这个英国直邮广告的诱惑呢?文案撰稿人是戴维·阿博特。

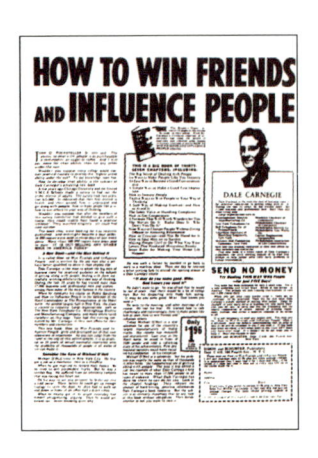

标题：如何赢得朋友并影响他人

维克·施瓦布写的这个广告，在三年中通过直邮卖出了100万册书。他在标题和正文中给出的承诺，都让人无法抗拒。

长文案也会比短文案卖出更多的商品，尤其是你要说服读者花上一大笔钱时。只有新手才会用短文案。

在文案中插入小标题，可以让读者在阅读时获得短暂的休息，也可以让文案变得更可读。小标题应该写得让人们即便瞥上几眼，也能把握到你销售文案的要点。

证言会提升文案的可信度，也会提升销售。如果一个证言测试效果不错，那就再测试一个。但是不要使用名人证言，除非他们被认为是这方面的权威人士，比如阿诺·帕玛①（Arnold Palmer）之于高尔夫俱乐部。

温斯顿·丘吉尔说过："简短的词是最好的，又短又古老的词最最好。"这句话也完全适用于直接反应广告的文案。

把你的文案排成白底黑字。读过前文，我想你已经知道我有多厌恶"反白字"——最重要的原因是反白字会减少阅读量。只有两个例外。人们读剧院的节目单时，整个剧场是暗的，只有来自舞台上的光线，所以节目单排成黑底白字会更容易读。幻灯片使用反白字，也是同

---

① 阿诺·帕玛是美国著名的高尔夫运动员，他创立了高尔夫运动服饰品牌 Arnold Palmer（中文名"花雨伞"）。——译者注

样的道理。

读者经常从标题直接跳到订购表格,好弄明白你卖的到底是什么。所以,要把订购表格做成迷你广告,包含品牌名称、你的承诺和微型的产品图片。

/ 标题:由新墨西哥州山地居民手工织造

詹姆斯·韦伯·扬领导智威汤逊创意部门40年。业余时间,他还在圣达菲经营一间名为韦伯·扬的邮购公司。这是他做过的一个广告,也是邮购广告的最佳实例,在《生活》杂志上刊登一次,就卖出了26000条领带。

/ 标题：奥美直效营销拥有秘密武器的广告代理商

这个广告，宣告了奥美直效营销公司的成立。请留意这里的长文案，其中充满了具体的信息。

许多读者犯懒，想晚点再寄出订购表格，但是他们从未付诸行动。调查显示，这种情况流失的订单，是广告主收到的订单的两倍之多。下面是留住那些潜在顾客的四个方法：

- 限量版
- 限量供应
- 最后低价
- 促销特惠价

人们通常认为，越是把版面塞得满满的，广告就越能卖东西。我的观察结果刚好相反，整洁、有序的版面编排实际上更能提升订购表格的回收率。

## 到哪儿去做广告

你可以确切地知道在一份出版物上刊登的广告能获得多少问询，最终达成多少订单。一种杂志的效果可能是另一种的两倍，这么大的差异，足以决定你的广告是带来利润还是造成亏损。

留意你的竞争对手在使用什么媒体，尤其是持续使用的媒体。留意杂志版面编辑风格的变化，它们可能会同样吸引你的读者，也可能会把你的读者赶跑。

少用一些两版跨页广告，它的费用是单个版面广告费用的两倍，但鲜少能带来两倍的订单。测试不同规格广告版面的效果，比如，一个整版广告附带一个商业回执卡和单独一个整版广告哪一个效果更好。尽管加上回执卡广告费可能会翻倍，但有时它带来的订单可能是单独一个整版广告的四倍。

在同一份杂志上重复刊登广告，回复率几乎总是会下降的。一些杂志，你一年可以登 6 次广告，赚 6 次钱，但另一些杂志，你一年可以登 12 次广告，直到广告不能再带来利润。

## 电视上的直接反应广告

你可能想不到，适当类型的电视广告也能说服人们通过邮件或者电话——主要是电话，购买你的产品。所谓的"适当类型"，具备以下特征：提出一个问题，然后示范你的产品如何解决它；给出无效退款的保证；注明价格；敦促人们下单购买。

广告中的示范不应该只承诺一个利益，而要承诺多个。（这一点，和宝洁的方法正好相悖。）

我的同事艾尔·埃克福在通过电视广告直接销售产品上，比任何人都有经验。他几乎从未见过任何一个短于 2 分钟的电视广告能达成有利可图的销售。马拉松式的电视广告似乎并不会像一大堆短广告那样惹人厌烦。他说，短广告就像"五个推销员一个接一个地来敲门"。

> "人们越相信你，就会向你买越多东西。"

在广告中，你一定要留出 20 秒给出如何订购的信息。这么长的时间，足够你给出免费电话号码、邮政信箱号码以及其他必要的信息。免费电话号码至少要重复两次。

大部分广告主用触达千人的成本来衡量购买电视时间的费用是否划算，不过埃克福用每家电视台每播放一次广告获取的订单数量来衡量。这样，他就可以不再使用不带来盈利的时段和电视台。效果最好的时段是清晨、深夜和周末。1 月、2 月、3 月是最赚钱的月份。

你插播广告的节目越吸引人，广告的销售效果就越差。观众看烦了一个老电影，更有可能拿起电话订购你的产品，而正津津有味地看新一集《达拉斯》时，则不太可能停下来去买东西。

请记住，广告观众的数量和你收到的订单数量并不相关。

／

这本书的每一章，都对不同复杂程度的话题做了必要的简化，本章尤甚。想对直接反应广告有更多了解，你可以阅读鲍勃·斯通（Bob Stone）的著作《直效营销成功方法》（*Successful Direct Marketing Methods*），芝加哥克雷恩出版公司（Crain Books）出版。

# 13.
## 公益广告和慈善募捐

Ogilvy

40年前，美国广告业成立了广告委员会，免费为美国储蓄债券、红十字会和其他公益组织做广告。1979年，媒体为广告委员会策划的广告活动提供了价值6亿美元的免费时间和版面，广告代理商也依然为公益事业提供免费服务。1980年，广告委员会鼓励人们配合人口普查的广告活动，得到了价值3800万的免费时间和版面。

不过，这个可敬的机制也有一个不足之处：广告的成功依赖媒体的慷慨捐赠，而媒体能捐赠多少时间和版面又无法预期。英国的同类机制则可控得多，因为资金是由政府提供的。

下面是6个公益广告案例。

## 世界自然基金会

5年间，奥美在16个国家为世界自然基金会募集了价值650万美元的免费媒体时间和版面。

标题：大熊猫的生存需要你的帮助

5 年间，奥美在 16 个国家为世界自然基金会募集了价值 650 万美元的免费媒体时间和版面。广告通过邮件募集到的现金捐款微不足道，它们的重要作用是提升公众对该问题的敏感度，从而使个人化的募捐活动变得更容易。

标题：纽约爱乐交响乐团发布未来 14 周的节目单！

1957 年，纽约爱乐乐团的上座率只有一半。我的解决办法很简单：在《纽约时报》买了一个版面，提前发布了下一演出季的完整节目单。这法子奏效了。

# 纽约爱乐乐团

  1957 年，纽约爱乐乐团陷入低谷，音乐会的上座率只有一半，音乐家们士气低落。我的解决办法很简单：在《纽约时报》买了一个版面，提前发布了下一演出季的完整节目单。几年后，有知情人士告诉我，此举对于振兴纽约爱乐乐团的作用，简直和 1958 年他们聘请伦纳德·伯恩斯坦担任音乐总监一样大。

# 联合黑人学院基金

  中央火车站开往富裕郊区的通勤列车上，有人派发了一封信，信的

为帮助联合黑人学院基金募捐，我让人把这封信放到从中央火车站开往富裕郊区的通勤火车的每一个座位上。这个广告一晚上就募集到 26000 美元。创意来自比尔·菲利普斯，他后来成了奥美的董事会主席。

开头写道："今天晚上，当火车从 108 街的隧道驶出时，请看看车窗外。"乘客们看到的是黑漆漆的哈莱姆黑人聚居区。仅仅一晚，这封信就为联合黑人学院基金募集了 26000 美元的捐款。

## 塞拉俱乐部

霍华德·哥萨奇，广告业最能言善辩的反叛者，认为广告这种手段太有价值了，不应该只浪费在商业产品上。他相信，广告只有用在社会目的上，才能证明它的存在价值。他为塞拉俱乐部做的一个反对在大峡谷修建水力发电站的广告，吸引到了 3000 人申请成为会员，会员费是每人 14 美元。

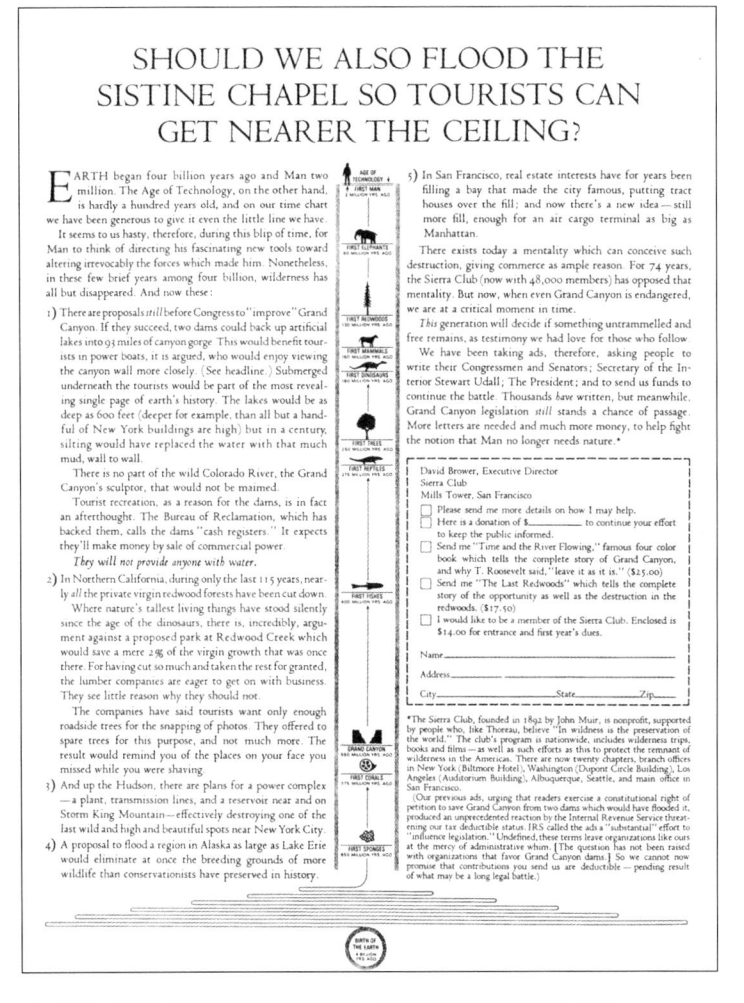

/ 标题：我们是不是也该淹掉西斯廷教堂，好让游客们离它的屋顶近点儿？

1966 年，一些来自亚利桑那州的参议员提交了一项议案，建议在大峡谷修建一座水力发电站。那个电站既无必要，又会淹没大峡谷的一部分。霍华德·哥萨奇在旧金山的广告公司为由环境保护主义者组成、反对这项议案的塞拉俱乐部做了一个广告。第一个广告就吸引到了 3000 人申请加入俱乐部，并且让议案流产。哥萨奇相信广告只有用在社会目的上，才能证明它的存在价值。作为广告业最能言善辩的反叛者，哥萨奇的说话风格是这样的："我爱广告这桩生意。我真的爱它，尽管这不是成年人该做的生意。我爱它是因为它就像个脏透了的马厩，得有人好好打扫打扫。"

# 挪威青少年酗酒

　　1974 年，挪威政府发起了一个旨在减少青少年酗酒的广告。第一波广告，目标对象是 14—16 岁的男孩和女孩，标题是这种风格的，"每次喝酒我都会吐"，结果创了挪威广告阅读量的纪录。后来，广告目标对象调整为父母，向他们解释孩子们为什么会酗酒以及酗酒少年们面临的风险，标题是"挪威 16/17 岁的少年，去年平均每人喝掉了 155 瓶酒。父母应该知道他们的孩子在面临什么样的风险"。超过 70% 的挪威父母读了这则广告，广告还激发了媒体大规模的讨论，挪威青少年饮酒现象数年来第一次出现下降。

／左：标题援引一位 14 岁少女的话"每次喝酒我都会吐"，结果创了挪威广告阅读量的纪录。
右：标题是"挪威 16/17 岁的少年，去年平均每人喝掉了 155 瓶酒。父母应该知道他们的孩子在面临什么样的风险"。超过 70% 的挪威父母读了这则广告，挪威青少年饮酒现象数年来第一次出现下降。
奥美奥斯陆分公司创作的减少青少年酗酒系列广告中的两个。

## 印度癌症治疗

1978 年，印度工业开发银行的一项调查显示，印度人对癌症原因、症状以及治疗的了解程度极其低下，于是，印度防癌协会请我的印度同事们帮助开展一次广告活动。广告的目标是把人们对癌症从无知变成了解，从消极等死变成乐观应对，这样才能说服人们定期到协会设立的免费诊所做体检。广告的主题充满希望："患癌之后的生活……仍然值得活下去"，并展示了一些真实的治愈患者的生活。两个月内，诊所的体检人数就变成了原来的 3 倍。

## 筹款

在你匆忙去找自己喜爱的慈善机构，自告奋勇要用广告帮他们筹款之前，我必须得提醒你，无论多强有力的广告，都很少能直接筹到足够支付版面费用的善款。

广告的作用是让市场"意识到"问题，让通过更人性化的方式募集善款变得更容易。说服人们向慈善机构捐款是很难的，除非他们对这家机构有相当程度的了解。

# 14.

## 与宝洁竞争

谁怕大灰狼?

# Ogilvy

为纸尿裤、织物柔顺剂、洗面奶、牙膏、香皂、洗洁精做广告，你会发现自己是在和宝洁竞争。宝洁在这些品类上，至少拥有40%的市场占有率，它的洗发水、蛋糕预拌粉、咖啡、止汗剂、家用烫发剂也占据强大的市场地位。宝洁每年要花掉7亿美元的广告费，超过所有公司，年销售额更是达到120亿美元。

理解宝洁何以获得压倒性的成功，你和这个巨头竞争时的胜算会大大提升，所以在这一章，我会告诉你一些我同事肯尼思·罗曼对宝洁的了解。

首先，宝洁纪律严明。它的管理信条是缜密计划、风险最小化和坚守规范。

为了迅速获得广泛的试用，宝洁会做大范围的入户派样。1977年，宝洁董事会主席说："我们在一个市场上最初投资的最大部分，通常用于试用样品的派发……只有用户已经亲身体验过产品并且比较满意，营销组合的其他要素，比如广告和销售才会充分展开。"

宝洁从不进入市场规模很小的品类，除非它认为那个品类会有可观的增长，而且进入每一个品类，它的目标都是在该品类市场获得支配地位。通过建立巨大的销售体量，它获得了低于竞争对手的生产成本，因此有更大的利润空间，也拥有以较低定价销售的可能性。

宝洁通常在一个品类投放一个以上的品牌，允许每个品牌和兄弟品牌竞争。

宝洁通过市场调查来识别消费者的需求。董事会前主席埃德·哈尼斯说："我们一直都尽力去弄明白未来会怎么样……我们研究消费者，设法发现口味、需求、环境和生活习惯的新趋势。"

最重要的是，宝洁掌握了让产品优于竞品的方法，而且会通过家庭盲测，确保产品的优越性对消费者来说显而易见。哈尼斯说："在市场上获得成功的要诀，是产品的表现更优异……如果消费者在这个品牌上感知不到任何真正的利益，再独特的广告和销售都救不了它。"

新品牌上市时，宝洁会大量做广告，同时也会用大规模的广告预算支持成功品牌——佳洁士的年度广告费是2900万美元，High Point 是2400万美元，帮宝适是1900万美元，汰渍是1700万美元，等等。

宝洁试销活动的细致全面到了令人难以置信的程度。让福尔杰咖啡（Folger）进入东方市场之前，他们花了6年，测试它的地区市场扩张步骤。宝洁总裁说："耐心，是这家公司的优秀品质之一。"他们只求对，不求快。宝洁历史上只有三个产品未经至少6个月的区域市场试销就投放全国市场，其中有两个失败了。

**"对他们的广告准则，我无限赞赏，相当重要的原因是那些准则和我的准则完全一致。"**

对宝洁的广告准则，我无限赞赏，相当重要的原因是那些准则和我的准则完全一致。他们运用市场调查选择最有效的策略，而且从不改变成功策略。汰渍、佳洁士、激爽（Zest）、象牙香皂的策略已经30年没变。

宝洁总是在广告中向消费者承诺一个重要利益。如果发现承诺一个以上的利益有机会提升销售，他们有时会同时做两个广告，而且经常通过相同的媒体投放。

宝洁相信，广告的首要任务是有效传播，而不是原创和娱乐。他们分三个阶段衡量传播效果：文案撰写前、广告制作完成后和广告在试销市场投放后。不过，和我不同的是，他们不认为测试能衡量出广告的说服力。

宝洁所有的电视广告都包括一个"证实时刻"，比如让一名女子揉压厕纸，以证实它的柔软；让一名家庭主妇检查清洁剂去除了厨房的油污，炊具洁净闪亮。

宝洁 60% 的电视广告会展示产品的效能，展示帮庭厨房纸巾如何吸走更多液体，Top Job 清洗剂如何比直接使用氨水清洁得更干净，激爽如何不残留黏腻感觉。

宝洁的电视广告的话术直接面对消费者，使用她们熟悉的语言和场景。如果产品是在浴室里使用的，他们就在浴室而不是实验室里展示它。

在广告中，他们用口头和视觉形式，花大力气传播品牌名称。大部分品牌名称都很简短，在广告的前 10 秒就出现，之后通常重复 3 次。

宝洁的电视广告，会口头传达承诺，同时用字幕强化承诺，而且广告结束时，通常会再重复一次承诺。他们倾向于在广告中使用较多文案，有时一个 30 秒的电视广告，文案会超过 100 个单词。

如果持续使用有趣的人物来销售一个品牌的商品，这个人通常是不知名的演员，从不会是名人。

宝洁广告中包含"为什么产品能达到如此功效"的电视广告不足半数。宝洁认为把产品能为消费者做什么展示给他们看就足够了，不需要解释为什么产品能做到这些。

宝洁也经常为消费者展示产品能带来的情感利益，比如，"使用 Dash 洗衣液，你将会更受欢迎"。

宝洁使用被证明能有效帮助销售的电视广告技巧，尽管他们的广告代理商大多认为那些技巧太过老套，尤其是生活片段、消费者证言和代言人面对镜头的现身说法。

1976 年之前，宝洁都避免使用音乐小品，不过现在已经开始用了，尽管这只占他们所有电视广告的 10%。此外，一些电视广告现在也会用一点点幽默元素。

尽管宝洁的电视广告经常富有对比意味，但却不把钱花在对竞争对手指名道姓地叫板上，而是委婉地说"其他畅销洗衣粉"。

一旦开发出一个成效显著的广告活动，宝洁会持续用它，经常超过 10 年甚至更久。不过，宝洁也会持续测试目前使用的广告策略有没有更好的执行方法。

一旦确定广告预算，宝洁会测试如何更有效地使用它。

只有 30% 的广告费会花在晚间黄金时段，其余的会在白天时段和其他次要时段之间分配。宝洁不会全部使用 30 秒电视广告，而是正在逐渐增加使用 45 秒广告，因为他们发现多出的 15 秒更有助于"故事情景发展"，增强对观众的吸引力。

宝洁旗下几乎所有品牌都会全年做广告。他们发现这种投放模式效果优于"栏栅式"投放，也就是密集投放 6 周再暂停 6 周的投放模式，而且这样做还会节省相当可观的广告费。

在多个品类上与宝洁竞争 30 年后，我对其明智策略的仰慕仍然没有止境。当然，宝洁也不是不会犯错。如果能把市场调查和市场测试做到那种程度，你有可能获胜。宝洁有一些产品也失败了，包括 Teel 洗衣液、Drene 洗发水、Big Top 花生酱、Certain 浴室纸巾等等。

宝洁致命的弱点是一致性。它的行动总在意料之中。能预见它的策略，你就有可能赢得战斗。

当然，打败宝洁的最好办法，莫过于销售更好的产品。贝尔牌薯片战胜宝洁的品客薯片，就是因为味道更好。Rave 家用烫发剂只用不到 1 年

> "当然，打败宝洁的最好办法，莫过于销售更好的产品。"

的时间就超过了宝洁的同类产品 Lilt，就是因为它不含氨，是更好的产品。忍不住再加上一句，猜猜这两个重创巨人的广告是谁做的？

# 15.

## 市场调查的18个奇迹

Ogilvy

广告人忽视市场调查，就像将军忽视破译敌方密码一样危险。成为文案撰稿人之前，我是一个市场调查人员，曾经发表英国广告史上第一篇关于文案测试的论文。后来，我在普林斯顿主持盖洛普博士的受众研究机构，工作内容包括在电影开始制作前预测有多少人会去电影院观看，衡量明星的票房号召力等诸如此类的调查研究项目。

最有意思的事发生在奥美早期，当时我同时担任市场调查总监和创意总监。周五下午，我作为市场调查总监给创意总监写调查报告，周一上午，我又作为创意总监读市场调查总监的报告，考虑基于那份报告，我该做点儿什么，或者不做什么。后来，能雇得起斯坦利·坎特来服务奥美了，我就请他来担任市场调查总监。作为市场调查人员，他比我强太多了。斯坦利只用了10天时间，就让我摆脱了他那个部门的事务。所以我总说，要雇用比你强的人。

下面是市场调查能为你带来的18个奇迹：

1) 市场调查能评估你的公司在消费者、证券分析师、政府官员、媒体编辑当中以及在学术人士心目中的声誉和地位。

2) 市场调查能运用数学模型，预测新产品的销售状况以及利润最大化所需的广告费用。Hendry、Assessor、Sprinter、ESP、

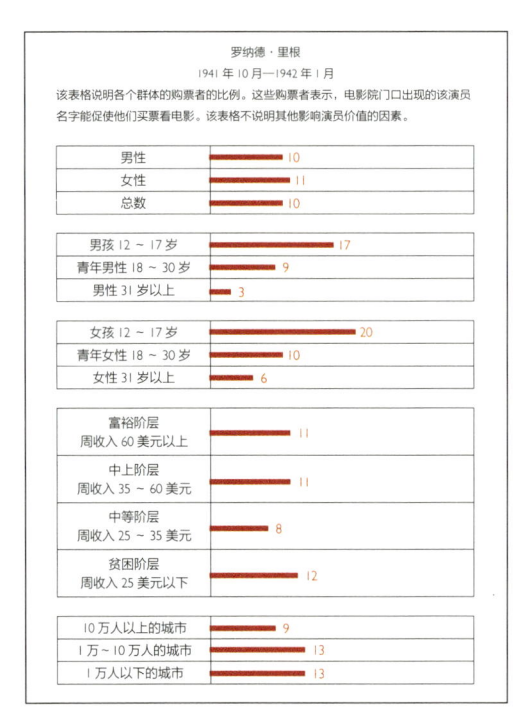

### 罗纳德·里根
**1941年10月—1942年1月**

该表格说明各个群体的购票者比例。这些购票者表示，电影院门口出现的该演员名字能促使他们买票看电影。该表格不说明其他影响演员价值的因素。

| 群体 | 数值 |
| --- | --- |
| 男性 | 10 |
| 女性 | 11 |
| 总数 | 10 |
| 男孩 12～17 岁 | 17 |
| 青年男性 18～30 岁 | 9 |
| 男性 31 岁以上 | 3 |
| 女孩 12～17 岁 | 20 |
| 青年女性 18～30 岁 | 10 |
| 女性 31 岁以上 | 6 |
| 富裕阶层 周收入 60 美元以上 | 11 |
| 中上阶层 周收入 35～60 美元 | 11 |
| 中等阶层 周收入 25～35 美元 | 8 |
| 贫困阶层 周收入 25 美元以下 | 12 |
| 10 万人以上的城市 | 9 |
| 1 万～10 万人的城市 | 13 |
| 1 万人以下的城市 | 13 |

这张表格出自我撰写的《票房价值持续稽核》调查报告，分析了罗纳德·里根作为电影明星在职业生涯巅峰时期的受欢迎程度。

News 等模型能够足够可信地告诉你，新产品是否值得花钱去做市场测试。（大约 60% 的新产品都在试销市场上失败了。）

3）市场调查能在新产品还处于概念阶段时，就给出消费者的反应。我的一位客户投资 60 万美元，为消化能力下降的老年人研发了一系列食品，但市场调查发现，老年人对它们没多大兴趣。把这个令人失望的消息反馈给客户时，我很担心，他会像大部分收到负面的市场调查结果的企业高管一样，质疑我们的调查方法。我低估了他，他说了句"干井"①，就离开了会议。

---

① 干井，不出油的石油探井，这里指不成功的商业风险。——译者注

4) 产品上市前，市场调查可以告诉你，和消费者正在购买的商品相比，他们如何评价你的产品。如果消费者认为你的产品比较差，那就得把它送回研发部门。

5) 市场调查可以告诉你，什么样的配方、滋味、香气和颜色对绝大多数消费者有吸引力。

6) 市场调查可以告诉你，几款包装设计，哪一款会卖得最好。顺便说一句，一定要确认人们能打开你的包装。我永远都忘不了科妮莉亚·奥蒂斯·斯金纳①告诉一家大公司，如果不用钳子就打不开他们的产品。

7) 市场调查能帮你为产品选择最合适的定位。

8) 市场调查能界定你的目标受众，确定他们是男是女，年轻还是年老，富裕还是贫困，受教育程度如何，生活方式如何，媒体习惯如何。

9) 市场调查能帮你发现哪些因素在购买决策中起最重要的作用，消费者用什么样的词谈论你所生产的这类产品。

10) 市场调查能够测出什么样的"产品线延展"有可能卖到最好。多芬分割到一块利润丰厚的市场之后，利华兄弟公司开始考虑还有什么产品可以放到多芬这个品牌名称下销售。调查显示，餐具洗涤液最有机会，后来，他们成功地推出了这样的产品。

11) 有迹象显示消费者对一款已经上市的产品不再像以往那么热衷时，市场调查能向你示警。出现这种状况，有可能是因为消费者发现你开始使用比原来廉价的原料——消费者的眼睛总是雪亮的。

---

① 美国演员、编剧。——译者注

12）市场调查可以通过解读竞争对手的试销状况，帮你节省时间和金钱。这种解读，甚至可以深入他们的产品成本和利润空间。只要你知道到哪儿去找，所有信息就都摆在那儿任君采撷。

13）市场调查可以测定什么样的承诺最有说服力。塞缪尔·约翰逊说过："承诺，大大的承诺，是广告的灵魂。"拍卖铁锚酒厂（Anchor Brewery）的设备时，他许诺道："我们卖的不是锅炉和酒桶，是远超发财梦的致富潜力。"

200年前，约翰逊博士说的是对的，而且有足够的证据表明，他的话在今天依然正确。不向消费者承诺利益的广告没有销售力，然而大多数广告都不包含任何承诺。（这是本书中最重要的一句话，请再读一遍。）

就在去年，斯塔奇读者服务公司发表报告说，在标题中向消费者承诺一个利益的广告，比不在标题中承诺利益的广告，阅读人数平均多4倍。

根据我的经验，广告主选择做出承诺，是市场调查对整个广告流程最有价值的贡献。选择承诺的方法之一，是向消费者展示多个承诺，告诉他们，每个承诺都来自一个新产品，然后请消费者按照重要性和独特性为这些承诺评级。

另一个技巧，我很喜欢用，不过市场调查人员都不太喜欢，可能是因为太简单了，而且不需要用到他们的服务。办法是：为产品写两个广告，每个广告在标题中承诺不同的利益，文案的最后都说明索取免费样品。之后，选择一份报纸或者杂志刊登这两个广告，让一半读者见到其中一个广告，另一半读者读到另一个广告，最终，哪个标题吸引到更多的样品申请，则哪个标题胜出。这个技巧叫"分版测试"，由理查德·斯坦顿发明。它的优点是能在真实的广告环境中测试承诺，而不是像访问那样，没有真实的广告环境。不过，你一次只能测试两个标题。

试着找到既有说服力又有独特性的承诺。比如，"每次都能做出一杯美味咖啡"，在说服力上可能会得最高分，但它一点都不独特。你可能发现，"让你洁净"在一款香皂的承诺测试中胜出，但我很怀疑它是否具备能让收银机叮咚作响的独特性。

有时你会发现，在测试中胜出的承诺，已经被竞争对手用上了。噢，你真可怜。

> "有时你会发现，在测试中胜出的承诺，已经被竞争对手用上了。噢，你真可怜。"

14）市场调查能告诉你，在多种购买奖励方式中，哪一种效果最好。壳牌曾经测试35种购买奖励，结果牛排刀胜出。接着，他们又测试不同设计的牛排刀。我建议他们可以试试把来自萨尼贝尔岛的小袋贝壳送给使用壳牌信用卡的车主，结果被冷淡地告知，测试过了，得分非常低。在法国，壳牌未经测试就用了那些贝壳当奖品，结果失败了。

15）市场调查能告诉你，你的广告是否传播了你想传播的信息。记住E. B.怀特的话："想说什么，一定要确定你真的说了。说出来的话才算数。"

16）市场调查能告诉你，多个电视广告中，哪一个更有销售力。

对电视广告做事前测试的最好方法是什么？这是广告业内最有争议的问题，不过市场调查人员倒有一个基本共识，那就是，测试回忆度毫无意义。不知道为什么，大部分广告主仍然坚持测试回忆度。这种方法有4个缺点。

A. 没人能证明回忆和销售之间有关系。
B. 一些电视广告的回忆度能达到平均水平，但改变品牌偏好的能力却低于平均水平。比如，使用名人的电视广告，回忆度通常

> "想在回忆度测试上得高分，我只要在广告里放一只穿护身内裤的大猩猩就行了。"

高于平均水平，改变品牌偏好的能力通常低于平均水平。

C. 使用此法，文案撰稿人太容易作弊。我同事大卫·斯科特说："想在回忆度测试上得高分，我只要在广告里放一只穿护身内裤的大猩猩就行了。"

D. 甚至回忆度测试能否真的测量出广告回忆度，也有待商榷。我相信它能衡量出观众把自己能回忆起来的东西清晰描述出来的能力，这和回忆度本身完全不是一回事。

基于上述原因，我本人更喜欢能测试出电视广告改变偏好能力的那些方法。

市场调查还能测试出你的广告是否正在变得老旧失效。有5年时间，壳牌的广告主题都是增加行驶里程，追踪研究也显示，产品的偏好度在逐渐提升。当偏好度停止增长时，壳牌把广告从行驶里程示范变成了消费者证言，之后，增长又重新开始了。

17）市场调查能告诉你，有多少人读了你的广告，有多少人记住了你的广告。

成年人会在报纸上读什么？连环漫画？社论？天气预报？体育？主要新闻？专栏文章？盖洛普开始做读者调查之前，编辑们对谁读什么全无概念。

盖洛普发明了一种测量阅读量的方法。他访问了一些可以作为典型样本的读者，请他们浏览整份报纸，然后指出自己读了什么。他的报告让编辑们很吃惊，因为读漫画专栏的人比读社论的人多，读图片下的说

/ 作者和乔治·盖洛普

明文字的人比读文章的人多。盖洛普又在英国做了同样的调查，也得出了相同的结果。二战期间，我哥哥弗朗西斯在皇家空军担任中校，住在最高指挥部的地下工事里。他告诉我，陆军上将、海军司令、空军元帅们来吃早饭时，都是先看《每日镜报》的漫画专栏，再看《泰晤士报》的标题。

雷蒙德·罗必凯风闻盖洛普研究的风声，就说服盖洛普加入扬罗必凯公司，用同样的方法测量广告的阅读量。大约同一时间，丹尼尔·斯塔奇开始为广告代理商和广告主提供多家媒体的读者调查报告，他的继任者现在仍提供这项服务。有一天，我专门观察了一位斯塔奇访问员在街上做实地调查，开始相信他们的方法也是合理、有效的。

/ 很久以前，在乔治·盖洛普在普林斯顿的办公室的外面，我问一位常看电影的女士，她会不会花钱去看《伊利诺伊州的林肯》，她说会，但她在自欺欺人。

18）市场调查还可以平息争论。盖迪斯勋爵成为英国旅游局主席后，力主英国旅游的广告应该表现到英国钓鳟鱼的主题，直到我拿出一张图表，告诉他对钓鱼感兴趣的美国游客，少于对其他49个经过测试的主题感兴趣的游客。

手握这些信息，很难不打败那些盲目行事的对手。不过，还是有两个问题是市场调查无法回答的，而且这两个问题无法回避：

- 哪种广告会在数年间对品牌做出最大的贡献？这仍然需要靠判断力来回答。
- 你的产品应该以什么样的价格销售？这是市场营销者面临的最重要的问题之一。不过，据我所知，市场调查给不出答案。

如果得到充足的训练，任何一个聪明人都能进行市场研究，不过想让人们使用市场调查结果，你仍然需要具备更高级的推销术。为电影业做市场调查时，我会把报告好好排版，然后印刷出来。我发现，好莱坞的制作人不太会跟印刷文档较劲，但打印的备忘录则很容易引得他们的质疑。

## 样本规模

即使样本量小得惊人，市场调查依然可以获得可信的研究结果。如果你想知道家庭主妇们能不能理解"陈腐"这个词，不必寻求一个统计学意义上可信度达到98%的答案，调查20个家庭主妇就足够了。如果你需要了解随时间变化的趋势，最好还是使用大样本，以确保任何变化都有统计学意义上的显著性。你还需要把握好样本的构成，并保持问卷措辞前后一致。

## 市场调查的陷阱

　　一些访员发现,比起贸然和陌生人搭讪,自己回答那些问题舒服多了。伦敦有一家精明的酒馆,就曾经做过访问员的生意。他们专门辟出一个相对私密的房间,让访问员可以一边喝着啤酒,一边自己填写问卷。

　　回答问题的人也并不总是对访问员说真话。我习惯在问卷开头写一个问题:"你更希望在今晚的广播中听到什么样的节目?是杰克·本尼的节目,还是莎士比亚戏剧?"如果回答者说听莎士比亚戏剧,我就知道他是个说谎者,马上终止提问。

　　《飘》成为超级畅销书时,我们抽取了一些成年人典型样本,问他们是否读过这本书。回答"是"的人数,明显高得不合理,因为人们不愿意承认自己没读过。第二周,我们换了个问法:"你打算读《飘》吗?"这样,还没读过的人就很容易回答"是""打算读",而已经读过的人也可以回答"是"。这个小改变,让调查得到了一个可信的结果。

> "我遇到一位访问员向我提问,问的正好是我两天前写的问题。那些问题根本就无法回答。"

　　有一天晚上,我在宾夕法尼亚火车站候车,遇到一位访问员向我提问,问的正好是我两天前写的问题。那些问题根本就无法回答。于是一回到办公室,我就取消了那次调查。

　　一位食品制造商需要决定他的产品是用金属罐还是玻璃瓶包装销售。他猜想一些家庭主妇会喜欢玻璃瓶,因为她们认为玻璃瓶听起来更高级。于是,他把相同的样品分别装在玻璃瓶和金属罐里派发出去。两周后,他打电话给拿到样品的主妇们,询问哪种样品更好吃。结果绝大部分主妇说玻璃瓶的比金属罐的好吃。在不了解实情的状况下,她们把票投给了玻璃瓶。

　　一次,法国政府想调查引起通货膨胀的因素,就把数千块奶酪都切成两半上架销售,一半卖 37 生丁,另一半卖 56 生丁,结果,标价高的奶酪卖得更快。可见，消费者是通过产品的价格来判断它的品质的。

## 面向孩子做调查

如果你认为向孩子们做广告是邪恶的，请跳过这一小节内容。如果正好相反，你以生产玩具或者早餐麦片为生，可能会对市场调查如何帮你把产品卖得更好感兴趣。

孩子们只能理解比较简单的问题，而且不太容易做出条理清晰的回答。他们更倾向于说自己认为的你想让他们说的话。这儿有三个相当奏效的调查方法：

**群体动态**。你先给一组孩子播放电视广告，然后让他们做游戏，假装给他们的朋友打电话谈论你的广告，或者模仿广告中的人物。这样你可以发现孩子们对广告的错误解读和负面反应。

**交流差异**。这种方法适合稍大一点儿的孩子。给他们播放电视广告，随后问他们，广告告诉了他们什么，他们喜欢其中的哪一点。之后再给他们看真实的产品，问他们喜欢产品的哪一点。比较他们对广告和产品本身的表述，你就可以知道，广告有没有准确地再现产品。如果没有，你通常可以对广告做一些修正。

假设你给他们看了一个玩具娃娃的广告，只有20%的孩子表示喜欢广告里的娃娃能走路，而给他们看实物时，有60%的孩子表示喜欢娃娃能走路，那么很显然，广告没有准确地再现产品。

如果情况正好相反，你发现电视广告抬高了孩子们的期望值，而见到真的娃娃之后，他们很失望，那么我会有点儿担心，作为一个诚实的人，你愿不愿意修改那个广告。

**奖品簿测试**。给孩子们一个画着四个玩具的本子，其中包括你要做广告的玩具。然后，让他们圈出想让你送他的那个玩具。播放你的广告给孩子们看,随后告诉他们刚刚有小朋友忘了在本子上写上自己的名字——很可能真有这样的事,再发一个新本子给他们,请他们圈出自己想要的玩具。通过比较孩子看广告前后的选择,你就能衡量出广告的说服力。这样测试过多个玩具和多个广告之后,你就能把每个广告的得分和它们的平均值结合起来进行分析了。

敬爱的读者和父母们,如果你认为市场调查人员把孩子们当成实验室里的小白鼠是不当行为,那么我要告诉你,现在已经有严格的法规保护孩子们免受来自广告人的伤害,这可能会让你稍感安心。比如,我们不再被允许告诉孩子们去缠着妈妈买广告中的产品。其他一些在美国已经生效的法规包括:

**"我们不再被允许告诉孩子们去缠着妈妈买广告中的产品。"**

- 不可用直接或暗示的方式向儿童传达,拥有某个产品他会比同龄人更优越,或者没有某个产品就会被同龄人排斥。

- 不可使用有可能对儿童造成恐吓或者引发儿童焦虑的素材,不应该使用包含暴力、危险及其他反社会行为的描述或诉求的素材。

- 任何产品的广告均不可包含任何发生在真实战争场景下的故事情节。

- 当广告中用于示范的物品,如操作产品需要使用电池等,应以声音和字幕来说明,这些东西不随产品赠送。

- 在游戏环境中展示玩具,必须确保儿童可以在合理的能力范围内再现相同的环境与状况。

- 广告中不可使用购买玩具本身也不可获得,或者不支出额外花费就无法合理获得的服装或道具。

- 每一早餐类产品的电视广告,均需一次以上声音提示,并至少一次用画面描述该产品在均衡营养结构中的作用。

试试看，你能不能写出一个不违背总共 34 条此类法规的广告。

## 我的来处

很少有文案撰稿人对调查抱有和我一样的热情。已故的伟大的伯恩巴克先生也和很多人一样，认为调查会遏制创造性。我的经验刚好相反，调查经常把我导向好创意，比如哈撒韦衬衫广告中的眼罩。

我见过一些非常疯狂的创意，如果不是调查显示它们会很有效，就根本没人敢用。想出用法语写法国旅游广告标题的主意时，同事们都认为我疯了，但调查显示，法语标题比英语标题有效。调查还让我避开了其他一些可怕的错误。

"想出用法语写法国旅游广告标题的主意时，同事们都认为我疯了。"

我得承认，调查经常被一些广告代理商和广告主滥用。他们用调查来证明自己是对的，这法子就像酒鬼使用路灯杆一样——不是为了照明，而是为了支撑。尽管如此，总的来说，调查对做出有效广告的帮助不可估量。

# 16.

## 我对营销的点滴了解

Ogilvy

当我被告获得了帕林市场营销奖（Parlin Awards for Marketing）时，我认为他们在开玩笑，我连专家们写的关于这一课题的文章都还读不懂呢，比如麦吉尔大学保罗·沃肖教授文章中的这段话：

> 尽管样本交互验证相关性分析的使用差强人意，但不常用的平方总合交叉验证系数（$\hat{p}^2$）却是一种更精确的（尽管稍有偏差）测量方法（Catain 1978a，b；Schmitt，Coyle，Rauschenberger 1977）。它同时运用所有可获得的数据，而非将样本平分为训练集和验证集。因为这个比较优势，$\hat{p}^2$目前在统计分析中被广泛使用。尽管有不同的变种，但Srinivasan（1977）提出的$\hat{p}^2$公式作为一种包含固定预测变量的模型，仍是可接受的。[1]

如果你能理解这些东西，你可能会认为再读一些其他消费者行为模型也同样有用，比如Lavidge and Steiner、Andreason、Nicosia、Engel-Kollat-Blackwell、Howard and Sheth、Vaughan模型。这些对我来说都犹如天书，不过，和市场营销从业者并肩作战的30年，仍然教会

---

[1] *Journal of Marketing Research*, May 1980, page 169.

我一些对工作很有帮助的东西。

## 新产品

今天，超市 35% 的销售来自 10 年前还不存在的产品。

你可以通过一家公司向市场推出新产品的数量来判断它的活力。据我了解，一些首席执行官从前任那里继承下来的产品所赚取的利润，足够掩盖他们在推出自己的新产品上的失败。他们往往吝惜研发新产品的区区几百万美元，却肯眼都不眨地花费上亿美元去并购别人的产品。他们的借用能力大于动脑能力。

制药行业的情况刚好相反，比如默克公司，每年投入 2 亿美元用于新产品研发。可能连续数年都一无所获，然后突然……一款奇迹般的新药诞生了。坐看这样的消息拉动股价上升，简直愉快无比。

消费品行业为什么有八成的新产品会失败？有时是因为它们太新了，比如第一款冷食麦片就被消费者拒绝。更常见的情况是，因为它们不够新，没有提供任何看得见的差异，比如品质更高、口味更好、更物有所值、更方便，或者是能更好地解决问题。

如果一些新突破能同时与消费者熟悉的一种特性紧密相关，能够把消费者以往的经验和新产品联系起来，对新产品成功上市会更有帮助。一次性尿布、清爽型啤酒、低卡路里可乐、纸质毛巾就是如此。

## 产品命名

找到一个还没被别的公司注册过的名字，简直比登天还难。市面上大体有三种产品名称：

**以男性或者女性的名字命名**。例如福特、金宝汤（CAMPBELL）和凯歌香槟，这些品牌都深入人心，很难被模仿，而且会让人想到产品是由一个真实的人发明的。

**没有实际意义的名称**。例如柯达、高洁丝和骆驼。赋予它们任何销售诉求都得花上好几年时间和数百万美元的广告费。

**描述性名称**。例如三合一润滑油、邦迪、酒桶管家。此类名称一开始就包含销售诉求，但它们太具体了，很难用于未来的产品线扩展。

你可以通过市场调查来确定一个名称是否表达了你想通过它表达的意思，是否容易发音，是否容易和市场上现有的产品名称混淆，是否容易记忆。

有一次我想给一个新的咖啡品牌起个名字，就给计算机输入指令，指定要以 M 开头，长度不超过 7 个字母，结果计算机吐出了好几百个排列组合，我一无所获，只好自己重新想。

如果品牌名称在包装上越大才能越好，而且这件事很重要，那么就选一个像汰渍（TIDE）这样的短名字，别选像 SCREAMING YELLOW ZONKERS 这样的长名字。

如果打算在海外市场也使用同样的名字，那么要确认它在土耳其语或者任何一种其他语言里都没有不好的意思。这方面出过很多严重的事故。

我曾帮好几十个新产品想过名字，但迄今为止没有一个被采纳。祝你好运。

## 睡美人

一些不做广告就卖得很好的产品，做了广告会卖得更好、赚得更多。兰伯特制药公司的李施德林漱口水，卖了 40 年，一直都没做过广告，销量不好不坏，年轻的杰瑞·兰伯特接管企业后，开始为它做广告——作为一种改善口臭的产品，结果销量猛增。

米尔顿·赫尔希[①]完全不借助广告，就发展出了全球最大规模的巧克力生意。赫尔希去世数年后，他的继任者请我同事比尔·韦德帮忙看看广告能否提升利润，当时他们的大部分利润都来自好时这一个品牌。比尔为他们的三个产品做了电视广告，在地方市场做投放测试。其中一个产品的销售对广告毫无反应，但"好时"巧克力排块的销量上升了，里斯花生酱夹心巧克力杯的销售提升了 66%。到 1980 年，好时的年广告费已经达到 4200 万美元。

## 巨型品牌的终结

推出一个新品牌，并让它获得具有支配地位的市场份额，已经昂贵得让人望而却步。即便是实力雄厚的制造商也已经发现，让新品牌瞄准一个狭窄、清晰的细分市场不再有利可图。最近，一个新的香烟品牌上市，花了 1 亿美元。观众可以收看到 50 个甚至更多频道的有线电视，这将使你的广告更容易瞄准特定的消费者群体，再也不会有像汰渍或者麦斯威尔那样人人都会买的巨头品牌了。

> "再也不会有像汰渍或者麦斯威尔那样人人会买的巨头品牌了。"

## 别把时间浪费在问题品牌身上

大多数市场营销者花在如何重振问题品牌上的时间太多，花在思考

---

① 好时巧克力公司创始人。——译者注

如何让成功品牌更成功上的时间太少。而真正的勇士，能接受失败，壮士断腕，继续前行。

要把时间、精力、广告费集中于成功品牌，支持优胜者，放弃失败者。

## 别拖延

大部分大公司年轻人的表现都让人觉得，时间对赢利不起作用。杰瑞·兰伯特在李施德林漱口水上取得了重大突破，是因为他把时间以月计，大大加速了整个市场营销活动的进程。他每 30 天都要检查一次进展情况，最终也以创纪录的速度，创造了自己的财富。

## 促销活动

1981 年，美国制造商花在促销上的钱比花在广告上的多 60%，总共派发了 10240 亿份优惠券。这真是愚蠢至极。

从长远看来，只有通过广告致力于建设鲜明、清晰的品牌形象的制造商，才能获得最大的市场份额。发现自己陷入困境的制造商，都是目光短浅的机会主义者，他们把钱从广告上抽走，投入短期的促销活动。年复一年，我都在警告我的客户们，如果在促销上花这么多，留不下什么钱来做广告，将会对他们的品牌产生严重的后果。

> "发现自己陷入困境的制造商，都是目光短浅的机会主义者，他们把钱从广告上抽走，投入短期的促销活动。"

减价促销和其他图一时之快的法子，都很讨销售经理们的喜欢，但它们的效果都非常短暂，而且会让人上瘾。贝弗·墨菲首次将尼尔森公司（Nielsen）的方法用于测量消费者的购买行为，后来他成为金宝汤的总裁。"销售是产品价值和广告作用下的结果,促销除了能在销售曲线上制造出一个小转折,什么用都没有。"他曾如此看待促销。

艾伦伯格博士说:"折价券能诱导人们尝试某个品牌,但他们很快又会若无其事地转回自己的惯用品牌。"

别误会,我不是反对所有的促销活动。比如说,我自己也不会不经派样试用就贸然上市一款洗衣粉。

## 定价是一种猜想

人们通常认为,市场营销者是通过某些科学的方法来确定产品的售价的。这真是大错特错。几乎在所有情况下,定价过程都靠猜想完成。

产品定价越高,消费者对之会愈加渴望。不过艾奥瓦大学雷兹教授试图将679种食品类产品的价格和品质关联起来,最后却发现品质和价值之间的相关性几乎为零。

我认识的大部分市场营销者都害怕给自己的产品定一个高于竞品的价格。三年前,有一次在欧洲参加晚宴,一家著名公司的产品研发负责人告诉我:"我从没见过我们公司把我能研发出来的最好的产品拿去上市销售。营销经理们总是一次又一次地强迫我用低一点的价格,拿出次一点的产品。"我告诉他,已经有确定无疑的迹象表明,现在人们更喜欢优质优价的产品。消费者不是蠢货,而是像你的妻子一样聪明敏感。

## 经济衰退时期的营销

进入经济衰退期,你需要用能赚到的每一分钱来维持生存时,你该怎么做?要停止做广告吗?

如果这时停止为一个仍处于上市期的品牌做广告,你可能会永久性地杀死它。对过去6个经济衰退期的研究表明，没有削减广告预算的企业比削减了广告预算的企业，获得了更大的利润增长。

莫利尔调查了过去5年中参与过23种工业产品购买的40000名男性和女性，发现在经济不景气时期持续做广告的产品，市场份额会获得提升。

基于以往经验，我认为广告是产品的一部分，应该被视为制造成本而非销售成本。因此，在经济不景气时，广告不应该被削减，就像你不会在不景气时减少产品中的必要成分一样。

二战期间，英国政府禁止企业以品牌名义销售人造黄油，但在产品下架期间，联合利华公司仍然持续多年为他们的一个人造黄油品牌做广告。战争结束、品牌回归时，联合利华的那个品牌一举成为顶尖品牌。

凯恩斯可能会建议企业在繁荣时期不要做广告，而应该把钱省下来在衰退时期做广告。

## 重度使用者

在喝啤酒的人中，32%的人喝掉了啤酒消费总量的80%。在通便剂使用者中，23%的人用掉了80%的通便剂。杜松子酒饮用者中，14%的人喝掉了80%的杜松子酒。

为任何产品做广告，你都需要密切关注这些重度使用者，他们的消费动机和偶然用户不同。

## 到底为什么要做广告？

很多制造商都暗地里质疑广告是否真的能提升销售，但又有点担心如果自己停止做广告，就会被竞争对手悄悄领先；另外一些制造商，尤

销量（万个）

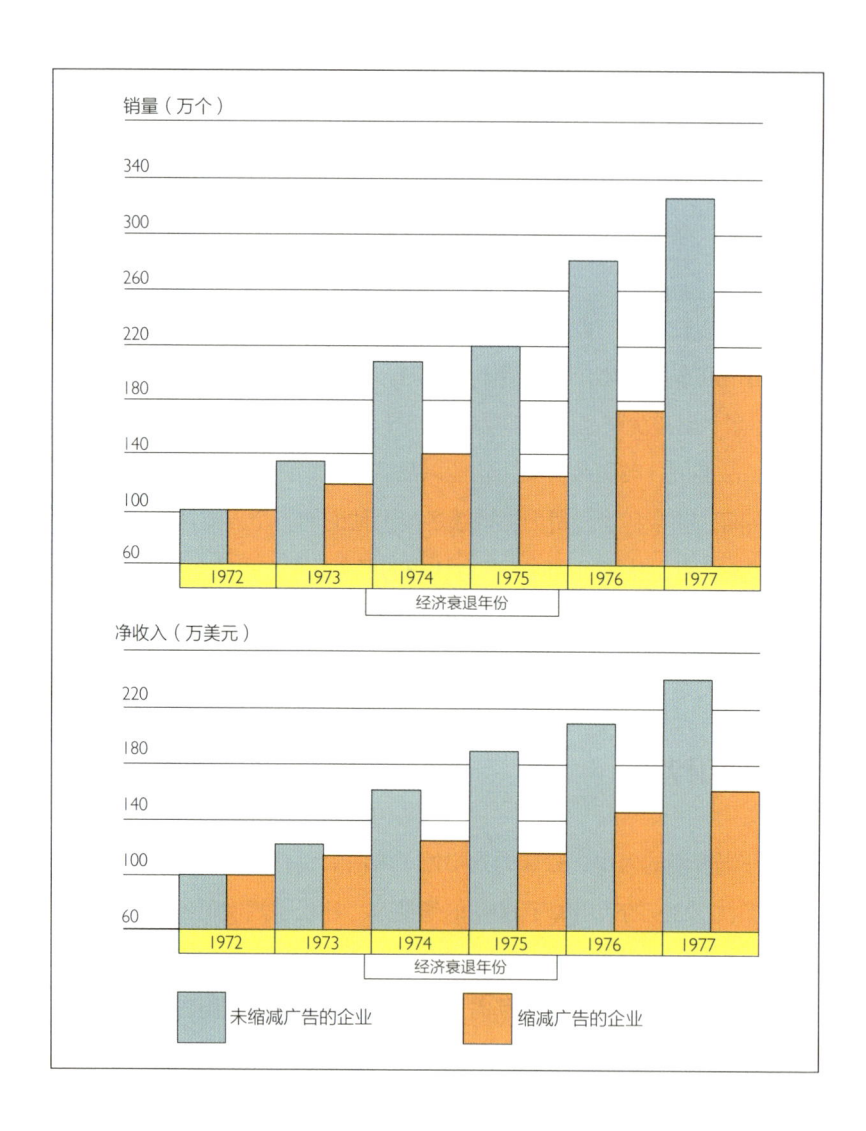

1972 | 1973 | 1974 | 1975 | 1976 | 1977
经济衰退年份

净收入（万美元）

1972 | 1973 | 1974 | 1975 | 1976 | 1977
经济衰退年份

■ 未缩减广告的企业　■ 缩减广告的企业

/ 资料来源：《美国商业杂志》

没有削减广告费的公司，每年都有更好的表现，到 1977 年，他们的销售变成了接近 1974 年的两倍，而削减了广告费的公司，1977 年销售只比 1974 年增长了不到 50%。1975 年，削减广告费的公司销售下降了，而没有削减的公司，销售仍有所增长。

其是在英国，做广告不过是为了让"产品的名字出现在公众面前"；还有一些制造商做广告是为了获得渠道分销；只有少数营销者做广告是因为发现它能帮助增加利润。

有一次坐火车去加利福尼亚，一位朋友问里格利先生[①]，为什么他已经占据了最大的市场份额，还要持续为他的口香糖做广告。里格利问他："你认为火车现在的速度多少？"那位朋友回答："我觉得大约每小时90英里。"里格利说："那么，你是建议我拆掉火车引擎吗？"

今天，广告仍然是最经济的销售方式。雇用一位推销员上门拜访1000个家庭，你得花25000美元，但电视广告触达1000个家庭，只需要4.69美元。现在（1983年），每年在广告上投入1000万美元，你就能每月两次触达66%的人口。

## 品牌轮换

伦敦商学院的A. S. C. 艾伦伯格提出的一个观点已经获得普遍的认可，他认为，消费者不会只买一个品牌的香皂、咖啡或者洗衣粉，他们有4~5个备选品牌，会从一个换到另一个。他们几乎从不会购买没能在上市的第一年被接纳为备选的品牌。

艾伦伯格博士接着论证说，新产品上市后，你唯一可以期待广告能起到的作用就是，说服现有使用者在备选品牌中更频繁地购买你的品牌。

如果此说成立，那么上市期广告就事关品牌的生死。现在就要把你能动用的每一分钱都用上，否则以后就没有机会再用了。艾伦伯格博士写道：

---

[①] 箭牌糖果创始人小威廉·里格利。——译者注

> "鳕鱼会产一万粒卵,家养的母鸡只能下一个蛋。鳕鱼从来不会咯咯叫着告诉你它做了什么——所以我们对鳕鱼不屑一顾,却会表扬咋咋呼呼的母鸡。这个故事想告诉你的是,做广告是值得的!"
>
> 无名氏

- 人们有一个备选品牌库,他们会公平且有规律地购买其中的每个品牌……购买行为大体上可以用稳定、习惯性来描述,人们并不太会冲动购买。
- 真正从全然忽略到热情洋溢地持续购买的转变,并不经常发生……大部分品牌的销售水平都会保持相当程度的稳定性。
- 消费者通常对他们从未购买过的品牌的广告不理不睬。

约翰·特雷舍博士赞同艾伦伯格的观点,他说:"广告的主要目标不是改变消费行为,而是强化消费者的认同,增强他们的消费信心……即便没有说服并吸引任何新的消费者,仅凭现有使用者,特定品牌的销售也能实现增长,因为已经在偶尔使用的人,可能会使用得更频繁。"

## 厕所里的销售会议

永远选择对与会人数来说太过拥挤的房间开销售会议,哪怕是在厕所里开也行。"仅能立足的地方"会制造出一种成功的气氛,就像剧院或餐厅客满一样,而空着一半的听众席会散发出失败的气息。

开会时,确保使用最低限度的电子设备。我甚至在全世界装备最精良的会议中心遇到过音响系统失灵的状况，包括柏林一家有 24 个操作人员的会议中心。

## 什么是市场营销?

我曾经听到马文·鲍尔把市场营销界定为客观现实。我找不到比这更好的说法。

# 17.

## 美国还是顶尖的广告强国吗?

# Ogilvy

## 龟兔赛跑

全球广告公司大约有一半在美国，美国广告公司也在全球各地占据最重要的地位。在德国，排名前9的广告公司，全部是美国公司；在英国和荷兰，排名前10的广告公司，有7家是美国公司；在加拿大和意大利，排名前10的广告公司，有6家是美国公司。1977年，英国一位广告业观察家菲利普·克莱曼写道："全球的广告人都唯麦迪逊大道马首是瞻，就像穆斯林朝拜时要朝向麦加一样。"

但是情况正在发生变化。扬罗必凯总裁亚历山大·克罗尔最近说："最好的外国广告比我们的作品看起来耀眼、新鲜、惊人多了。"

还记得《伊索寓言》里龟兔赛跑的故事吗？

## 英国

英美两国广告的差异，反映出两个国家的个性差异。如果你认为这些差异没有大到值得专门讨论，请留意一下这个事实：在一个平常的星期日，有42%的美国人会去教堂，而英国只有3%。

英国的电视广告没那么直接，也没那么强的竞争性，而是更巧妙、更怀旧、更幽默、更有娱乐性。在美国非常有效的广告技巧，比如代言人和生活片段，在英国很少使用。伦敦的广告公司会做那种相当奇异、时髦的电视广告。在伦敦待了 4 年后，我的同事比尔·泰勒写道："在英格兰，人们领悟到一件事，或许，仅仅是或许，在英国消费者的心目中，广告中销售的产品并非广告最重要的东西，选择用哪款洗碗液、喝哪款啤酒、买哪款吐司炉也不是什么重大决定。认识到这一点，英国人就能用相当通透的态度把产品呈现给消费者。他们拿产品开玩笑、编歌曲，甚至还经常贬低产品。

> "我愿意付出巨大代价，换取做出霍维斯面包那个怀旧广告的机会。"

简而言之，他们有一种分寸感。"他的结论是，总体上说，英国广告是全球水平最高的广告。

这就难怪英国文案撰稿人现在在美国如此抢手了。这件事从莱斯利·珀尔、克利福德·菲尔德和我本人开始，现在已经渐成风潮。麦肯公司纽约总部的创意负责人巴里·戴是英国人，奥美在纽约的创意负责人诺曼·贝里也是英国人。

/ 英国的这个霍维斯面包电视广告，极佳地运用了情感诉求（怀旧）。

上标题：这种情况下，你会做什么？
下标题："上周六，我们被抢劫了。该死的警察在哪儿？"

英国报纸广告的代表作。简单，直接、毫无矫饰，永远引人入胜。

One more way Britain can be sure of Shell.

# Wouldn't you protest if Shell ran a pipeline through this beautiful countryside?

# They already have!

Tom Allen,
Shell Horticulturist:

"When Shell proposed a pipeline from the North East coast of Anglesey to Stanlow refinery, seventy eight miles away in industrial Cheshire, people were worried.

The line would run through part of the Snowdonia National Park and have to pass under rivers Conwy, Elwy, Clwyd and Dee.

What scars would remain?

It is five years since the line was laid, and as I fly along the route today, even I can see no sign of it.

On the ground, the course of the pipe can be followed by a series of small unobtrusive markers. Apart from these, there is nothing to tell you that the top of a pipeline runs one metre beneath your feet.

The sheer invisibility of the line surprises visitors but not me. I was responsible for re-instating the land and well know what unprecedented lengths we went to. Every foot of the way was photographed before digging started, and the vegetation restored the way the record showed it ... even to the exact varieties of grass.

Sometimes, I agreed deviations in the line to avoid disturbing rare trees. In addition, a team of archaeologists preceded pipeline contractors to make sure that the route would avoid cromlechs, barrows, earthworks and other historical sites.

·We are proud of the result, and it shows the way for other conservation projects."

## You can be sure of Shell

标题：如果壳牌在这片美丽的乡村建一条输油管道，你不反对吗？他们已经做了！

壳牌在英国做的这个广告，可能是有史以来最能消除敌意的企业广告。

# 欧洲

法国广告的特征是风趣、迷人，富有设计上的美感。这些特质似乎更适合杂志广告和招贴。法国很多电视广告也同样迷人，尽管我经常怀疑那些广告对我的厨师克劳德特有没有吸引力。对于那些约束美国和英国的广告同人，让他们在面向大众时免于脱靶的市场调查，法国的文案撰稿人和艺术指导并不愿臣服，他们喜欢自由地娱乐上层人士。

我发现优秀的德国广告公司的氛围和纽约广告公司的很像，但恕我直言，他们做的一些广告非常丑陋。

德国广告主长期受制于专业人才的严重匮乏，更为电视广告时段的短缺而伤透脑筋，这迫使他们更多使用杂志广告，尽管他们并不想用那么多。

／ 标题：预定月球首航座位，请洽罗马 Excelsior 酒店前台。

CIGA 大饭店非常杰出的系列广告中的一则，广告代理商是英国的 TBWA。

/ TBWA 法兰克福分公司做的一个很有美感的广告。

/ 很多德国人认为地中海俱乐部（Club Med）旗下的度假地都很势利，只在夏季开放，而且在那些地方只能说法语。这样的广告展示了截然不同的一面。

17 美国还是顶尖的广告强国吗？ 307

在比利时和瑞典，电视上不允许出现广告。你可能认为这会让他们的杂志广告和报纸广告水平特别高，事实并非如此。

在较小的欧洲国家，广告主负担不起那种能指导北美和英国创意的高水准市场调查，所以只能依靠猜测，而且那些猜测还总不准。跨国广告公司则拥有更有利的条件，它们可以用在更大的市场上获得的调查结果，来推断当地市场的情况。

## N. I. H 综合征

跨国公司总是希望能在全球实施相同的广告活动，但当地的分公司却希望总公司能够放权，给它们一定的自由度在本地实施自己的广告活动。本地的广告代理商即便属于某跨国广告公司，而那家跨国广告公司又恰好服务于那家客户，本地的广告代理商也会同样拒绝听命于总部，为客户执行全球一致的广告活动，他们会辩解说市场状况不同，还会指出如果他们这么做了，会被本地客户发现他们只是总部的工具。

这样的辩解经常有点儿分量，但深层原因永远是哈佛大学莱维特教授所说的 N. I. H 综合征——Not Invented Here[①]。任何不源自本国的广告活动，都会威胁到当地人的自尊。解决此类争端的最佳方式，是在每一个国家都测试国际化的广告活动，只有测试得到积极结果，才在当地正式执行，而且即便如此，也要做必要的修正，以适应当地文化。通常情况下，在美国效果不错的广告活动，在其他国家也会有同样的良好效果。埃索广告中的老虎，就在 34 个国家获得了成功。

---

① 不是源于本地。N.I.H 综合征是社会、公司和组织中的一种文化现象，即人们不愿意使用、购买或者接受某种产品、研究成果或者知识，不是出于技术或者法律等因素，只是因为它不源于本地。——译者注

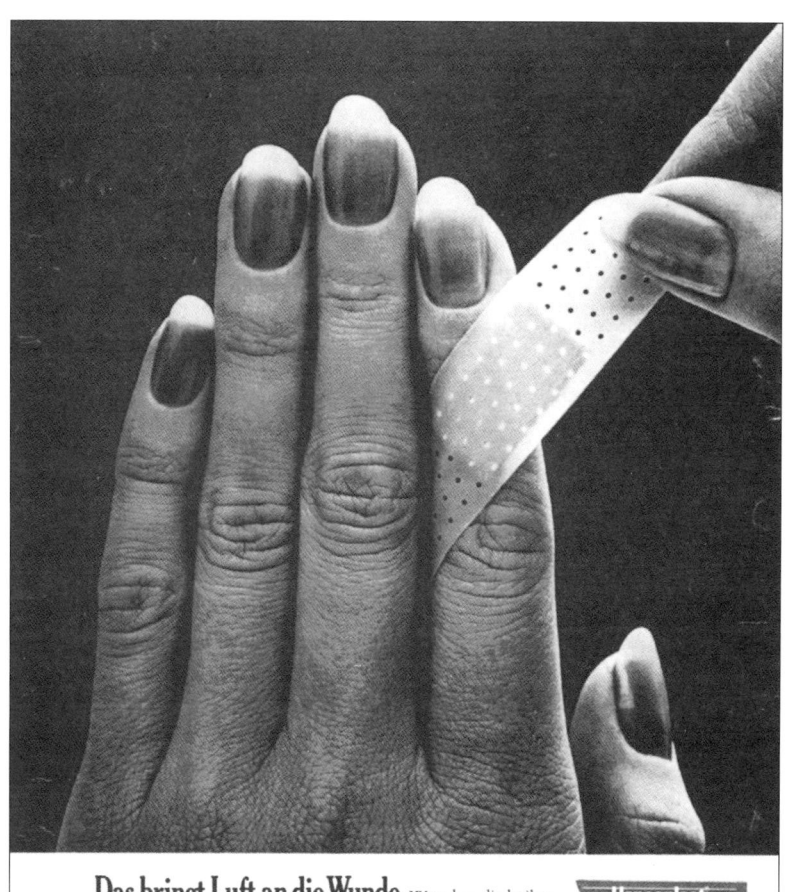

**Das bringt Luft an die Wunde.** Wunden, die heilen sollen, brauchen Luft. Je mehr sie davon bekommen, um so besser. Deshalb haben die Pflaster von Hansaplast viele kleine Poren. Und zwar auch dann, wenn man sie gar nicht sieht. Wir von Hansaplast meinen eben, ein Pflaster muß mehr sein als nur Schutz vor Schmutz. Hansaplast. Keiner versteht mehr von Pflastern.

/ 奥美法兰克福分公司做的一个广告,简单、直接。

《读者文摘》发现,让美国人最感兴趣的文章,通常也会让法国人、德国人、意大利人、荷兰人以及其他国家的人最感兴趣。示范壳牌汽油如何增加行驶里程的电视广告在美国、加拿大、英国、德国和奥地利同

/ 壳牌通过小册子，为车主提供引擎修理、消防安全等方面的有用信息。这个广告活动在美国、瑞典、荷兰、德国、法国、加拿大、巴西、澳大利亚、奥地利和南非都非常有效。

/ 现在巴西也能做出一些优秀广告。这个广告的标题是："早在学校开门之前，梅赛德斯－奔驰就已经在重复它每天的功课了。"

样成功。

**拉丁美洲**的广告近年来也有很大进步，尤其是巴西，何塞·丰托拉在那儿做出了一些非常出色的广告。

但是最引人注目的进步发生在东南亚。三年前，我颁发了1万美元的奖金给创作出全球奥美最佳广告的奥美分公司。你猜获奖的是哪家分公司？纽约？芝加哥？伦敦？巴黎？都不是。奖金花落曼谷。来自澳大利亚的年轻创意总监巴里·欧文首次将泰国文化符号运用到泰国广告中，证明了长期以来关于跨国广告公司到处将母国文化强加于当地的指控并非事实。巴里说："西方的韵律诗对习惯于随着竹笛声翩翩起舞的人来说有什么意义呢？"

标题："用亚洲形象做创意——文化的联结"

来自奥美泰国分公司创意总监巴里·欧文
在奥美的这则企业广告中，澳大利亚籍创意总监巴里·欧文问道："西方的韵律诗对习惯于随着竹笛声翩翩起舞的人来说有什么意义呢？"

**澳大利亚**的广告比起四年前我在那里的时候，也有所进步，现在的一些作品，真的已经非常好了。澳大利亚的广告人是世界上最能兼收并蓄的广告人，对他们最显著的影响来自美国而非英国。最令人惊叹的广告，由一家名为 Mojo 的新兴广告公司制作，还有一家 Campaign Palace 公司也不遑多让。不过发展最快的广告公司莫过于奥美，而且我们的服务范围更广。

**新西兰**。鉴于人口只有 300 万，新西兰的成就相当引人注目：英式橄榄球运动的水平全球最高，出产全球最优质的绵羊，拥有全球两大最著名女高音之一。如果极富创造力的新西兰人不像苏格兰人一样，喜欢移民到更富裕的地方，我想那儿的广告水平应该会高得多。

**印度**的广告很少，每年人均广告费只有 37 美分，而美国是 224 美元，日本是 77 美元。印度广告公司的从业人员有令人赞叹的理论知识，但这些知识很少体现在他们的广告作品上。我的印度同事玛尼·艾尔 19 岁的女儿称他们的作品为"有组织的涂鸦"。无论如何，我还是发现一些印度广告，比如印度防癌协会的广告，和西方广告相比也毫不逊色。

印度的广告主还面临一些西方并不了解的难题，他们的广告需要翻译成 12 种语言，而且大部分人口都无法阅读任何一种文字。普通印度人每周收入只有 5 美元，向他们做广告，卖那些他们永远也买不起的产品，你觉得这公平吗？

自 1947 年独立以来，印度的人口已经翻了一番，如果未来 25 年再翻番，达到 14 亿，严重的粮食不足就会接踵而来。我前段时间刚从印度回来，并且下决心一定要看看能否用我毕生所得的技能，为帮助解决人口出生率问题略尽绵力。玛尼·艾尔说："消除人类苦难这件事太重要了，不能只留给政府去做。"印度政府每年能用于计划生育的经费，平均每对育龄夫妇不足 10 美分。

在**肯尼亚**，人们每周能赚到 10 美元已经非常幸运了，有 70% 的人

标题：患癌之后的生活……活着真好

1978年，印度防癌协会通过广告说服人们定期到免费诊所体检。广告由奥美孟买分公司创作，展示了一些治愈患者的真实生活。两个月内，诊所的体检数字就变成了原来的三倍。

口是文盲。该国最主要的广告媒体是广播，而且广播广告要写成9种语言。

那儿有1400万人口，却只有3万台电视机，乡村人口的娱乐，主要靠流动电影院。在这种环境下，竞赛是相当有效的广告方式。联合利华在当地提供奖学金作为竞赛活动的奖励。有一次，客户要求提升凡士林的销售，奥美内罗毕分公司就组织了一次竞赛，一等奖是一头牛。

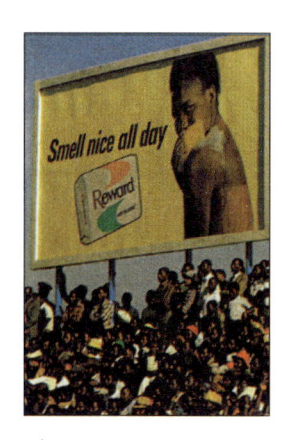

标题：好闻一整天

这张非洲巨幅海报直截了当地向消费者做出了承诺。

17　美国还是顶尖的广告强国吗？　313

# 18.

## 拉斯克尔、里索、罗必凯、贝纳、霍普金斯和伯恩巴克

创造现代广告的六位巨人

Ogilvy

我在这里只选择已经去世的广告巨人,这样就可以避免在我的同事和同时代其他广告公司中做选择的尴尬。

如果说这六位广告巨人有什么相同之处,那会是什么呢?他们都是美国人,进入广告业之前都从事其他工作,其中至少五位工作勤奋,而且是绝不妥协的完美主义者,有四位作为文案撰稿人博得声名,只有三位有大学文凭。

## 阿尔伯特·拉斯克尔(1880—1952)

阿尔伯特·拉斯克尔是广告业有史以来赚钱最多也是花钱最多的人,他让自己的钱每一分都花得很值。

他出生在一个富裕的德国移民家庭,职业生涯开始于在《加尔维斯敦晨报》当记者,当时他的报道范围包括体育、犯罪、宗教服务、戏剧、商业和政治。18岁时,他父亲帮他在芝加哥的洛德·托马斯广告公司找了一份工作。开始时,他只能做清理痰盂之类的杂务,但很快成为获

/ 阿尔伯特·拉斯克尔是广告业有史以来赚钱最多也是花钱最多的人,他让自己的钱每一分都花得很值。

取新业务的高手,乘着火车、马车和雪橇在中西部地区穿梭。20岁时,他买下了洛德·托马斯公司,此后一直担任这家公司的领导者,直到44年后退休。

拉斯克尔不仅仅是广告人。1918年,他受到西奥多·罗斯福的影响,从广告公司离开4年,先是担任共和党的宣传负责人,后来又担任航运委员会主席。那段时间,他是激进的孤立主义者,不过晚年时,成为温德尔·威尔基[①](Wendell Wilkie)强有力的支持者,竭尽全力推进富兰克林·罗斯福和哈里·杜鲁门的外交政策。

65岁时,他开始收藏绘画,到去世时已经拥有9幅马蒂斯画作、17幅毕加索画作和其他上百幅一流名画。他曾经一次就买下6幅玛丽·洛朗桑的作品,当成圣诞礼物送出。

他是位杰出的慈善家,将大部分财产都捐赠给了医学研究。

他最突出的,还是作为一个广告人的成就。他刚加入当时的美国第三大广告公司洛德·托马斯时,公司只雇了一位周薪15美元的兼职文案撰稿人。后来,由警察转行做文案撰稿人的约翰·E.肯尼迪走进了他的生活,说服他广告是"纸上的推销术",这是个从未被改进过的广告终极定义。拉斯克尔后来说:"只有把最重要的位置留给约翰·E.肯尼迪,人们才能撰写广告史,因为他创立的广告法则,今天仍在指导着世界各地的每一位文案撰稿人。"

**"拉斯克尔坚信,如果一家广告公司能写出有销售力的文案,那别的什么都不用做。"**

拉斯克尔坚信,如果一家广告公司能写出有销售力的文案,那别的什么都不用做。他多年拒绝雇用艺术指导,后来终于就此让步,是因为他发现有插图的广告更容易卖给客户。对市场调查,

---

[①] 温德尔·威尔基,1892—1944,美国政治活动家,主张在外交事务采取合作态度,反对共和党内的孤立主义。——译者注

他也曾持鄙视态度，总说自己就完全能给客户提供明智的建议了，"根本不需要浪费6个月时间出去做市场调查，只为回来告诉你傻瓜也长着两只耳朵"。他的公司从来没有今天所说的"营销"部门。他讲过的一个关于早期女用卫生巾的故事，很好地证明了他在营销上的天才性直觉：

> 高洁丝的人来找我们，说业务增长不如预期。我们并不需要面向几百万妇女去做调查，只要在公司里找一些人回家问问自己的妻子是否使用高洁丝就行了。结果我们发现，她们都不用，不用的原因是几乎所有人都不好意思去药店买高洁丝。所以我们想了一个很简单的主意，在药店柜台上准备一些素色无图案的包装，这样她们就能把卫生巾包好了再离开，不用不好意思了。结果高洁丝的销量突飞猛进。

不雇用营销人员、艺术指导和市场调查人员，让拉斯克尔的公司省下很多钱，利润率达到7%——这可能是广告公司利润率的世界纪录。现在，广告公司能赚到1%，就已经很罕见了。

他以董事的名义管理公司，并告诉员工："你们都知道，我是这家公司的所有者，原则由我来定。洛德·托马斯公司是阿尔伯特·拉斯克尔做广告的招牌。"他拥有公司95%的股份。退休后，他说自己从来没参加过董事会会议，而且在他印象中那样的会根本就一次都没开过。

他雇用能人，付他们高薪，也给他们很好的培训。他常说："我能从他们身上得到的，比他们自己拥有的还多。"但他公司的人员流失相当严重。一度有9家主要广告公司的领导人，都是"拉斯克尔学校"的毕业生。对此他常说："我把人培

> "拉斯克尔常说：'我把人培养得太好了，好到我都留不住他们。'"

养得太好了，好到我都留不住他们。"为拉斯克尔写传记之前，约翰·甘瑟（John Gunther）问拉斯克尔的一些下属，他们认为他最伟大的品质是什么，一致的意见是：细节上的洞察力、把握全局的天赋，还有预见消费者反应的直觉。此外，拉斯克尔还拥有令人无法抗拒的人格魅力和无穷无尽的旺盛精力，每天工作15个小时。难怪他能带领洛德·托马斯公司一度成为全球最大的广告公司。

他不喜欢打电话，憎恨委员会，从不加入任何广告俱乐部，以避免和竞争对手们见面。因为反感，他拒绝过好几家大型客户，包括通用电气、桂格燕麦、美国广播唱片公司（RCA），退休后还鼓动继任者拒绝了好彩香烟（Lucky Strike）。

他自己开一辆黄色的劳斯莱斯。他像我一样，也讨厌反白字："如果那么读很自然，那《纽约时报》就该那么印。"

他从不羞于大张旗鼓地享乐。他在芝加哥郊外的周末庄园有50个人照料，花园占地97英亩[①]，精心修剪的树篱长达6英里（直到今天我花园的树篱也只有1英里），还有一个18洞高尔夫球场。

他把公司管理者定义为"没脑子的人"，但他自己作为管理者，却非常坚定、果断、无情。大萧条时期，他给所有人降薪25%，自己却每年拿300万美元，之后，又大幅裁员，解雇了50个跟随他多年的员工。

不过，在财务上精明如他，也犯过至少一个重大错误。父亲去世时，他继承了得克萨斯州的大片不动产，但他迅速卖掉了其中的部分土地，大约占休斯敦城郊的1/4，后来他卖掉的那些土地成了全世界最高产的油田。这些错误，加上他的乐善好施和奢侈挥霍，让他去世时只留

---

[①] 1英亩≈4046.86平方米。——编者注

下1150万美元,而不是10亿美元。他曾说:"我并不想赚很多钱,我想看看凭自己的脑子,我到底能做什么。"

拉斯克尔情绪化的个性并不让人舒服。对他相当了解的甘瑟说,他感觉敏锐,富有洞察力,有源源不断的幽默感,但同时也可能专横跋扈、不能容人、傲慢自大。有一次甘瑟还听到他说:"这世界上除我之外再无广告人。"我想他不是开玩笑。他的第一任妻子说,他给了她所有,除了他自己。他脾气坏、待人苛刻、不近人情,还曾经三次长期罹患焦虑症。

他最好的广告作品是他的遗孀玛丽。她以非凡的能力管理拉斯克尔的医疗基金会,并且是纽约最热心公益的市民。有一次我遇到她,她给我讲了她丈夫功成隐退的故事。1942年年底的一个下午,他突然对她说:"玛丽,我决定了,我要离开广告业。"两天后,他把洛德·托马斯公司交给了他非常赏识的三个年轻人,只象征性地收取1万美元,条件是"洛德·托马斯"要从公司名称中拿掉。之后,他又活了10年。

## 斯坦利·里索(1897—1962)

斯坦利·里索是广告业的婆罗门。朴实、庄重、有教养、举止优雅,还很有几分学究气。

成为智威汤逊的领导者时,这家广告公司的年营业额是300万美元,45年后他退休时,智威汤逊是全球最大的广告公司,年营业额5亿美元。

/ 斯坦利·里索是广告业的婆罗门。他和他的妻子,也是文案撰稿人之一,把智威汤逊发展成了全球最大的广告公司。

> "他的成功秘诀是,能够吸引到非常能干的人,并对他们以礼相待,所以他们从不离开。"

他的成功秘诀是,能够吸引到非常能干的人,并对他们以礼相待,所以他们从不离开。这些人包括萨姆·米克、詹姆斯·韦伯·扬、亨利·斯坦顿、肯·辛克斯和吉尔伯特·金尼。没有任何一家广告公司曾经拥有如此重量级的团队,或者让他们一起合作这么久。

里索从不像拉斯克尔那样专横跋扈。他靠共识管理,不相信他所称的"个人意见",认为个人过于突出是危险的。

他的公司组织架构非常松散。他厌恶等级制度。公司各部门都没有负责人,也没有岗位描述,全公司像个合伙企业,像大型律师事务所一样运转。答应雇用我时,想让我去做什么,他一点儿都没说。办公室勤杂工?文案撰稿人?他的继任者?他没说,我也没问。

在耶鲁大学上学时,他靠辅导其他学生和卖书来赚学费,但仍有时间勤奋学习,并获得了詹姆士·戈登·贝内特经济学奖。他对大学教授始终心怀敬意,并且在自己的公司至少雇用了三位教授:一位心理学家、一位经济学家、一位历史学家。他常说自己的公司是"广告大学"。

和拉斯克尔不同,里索是虔诚的调查研究信徒。经济学家阿诺·约翰逊就是他的市场研究人员,另一位市场研究人员维吉尔·雷德是美国人口调查局前负责人。里索建立了一个由5000位消费者组成的专门小组,让他们每月一次报告自己当月买过的商品,还在公司建了个试验厨房,为客户研发新食谱。电视开播广告很久以前,他就开始尝试使用电视媒体。和我一样,他也对因素分析感兴趣,并建立了一个小组,专门研究哪些广告技巧奏效,哪些不奏效。

作为一个恪守道德准则的人,他放弃了赢得骆驼(Camel)这个大客户的机会,因为不想做投机性的广告。他也从来不接烈性酒和专利药品的业务。

他最有价值的创举，可能是在广告业首次雇用女性担任文案撰稿人，第一位女雇员是他的妻子。她们被安排在一个单独的部门，而且在办公室需要戴帽子。

和所有广告巨人一样，里索每天也工作很长时间。我经常在中央火车站开出的火车上遇到他，时间基本上是将近午夜。他经常看晚间报纸上的华尔街股价，20年后，我才有理由这么做。

创办公司几年后，我最大的客户转去了智威汤逊，我给里索打电话祝贺他。他说："大卫，你是位绅士，也是位学者，你在努力跻身于大公司的行列，不过现在已经不可能再建立大型广告公司了，因为投资太大。我建议你还是放弃创业，来智威汤逊吧。"

我回答道："里索先生，我很愿意加入你的公司，但我不能解雇100个员工啊。"

"嗨，"他说，"现在经济形势不错，他们找到新工作不难。"

两年后，他又重复了这个邀请，这次是要买我的整个公司，就像为一本书买下整座图书馆一样。也就在那天，我遇到了他妻子海伦·里索。在加入智威汤逊前，他在辛辛那提广告公司工作，当时他聘请了一名女雇员写文案，她后来成为他的妻子。我遇到她时，她已经成为美国最优秀的文案撰稿人之一。他们的合作，无论是作为搭档上还是作为夫妻，都令人惊叹。

海伦·里索坚持公司的办公室应该用古董家具装点，每位高管都可以选择自己最喜欢的某个年代风格的家具。据说她相信，如果他们的办公室比家还吸引人，人们就会愿意每天工作更长时间。[1]

---

[1] 这样做的代价是，他们失掉了李施德林的广告业务。李施德林的老板杰瑞·兰伯特告诉我："我更喜欢广告公司把赚到的佣金花到服务上而不是家具上。"

从某种程度上说，海伦·里索的成就甚至超过斯坦利·里索。她是美国计划生育运动的发起人之一，还是现代艺术博物馆的一位受托人，利用自己的经验，帮助这座博物馆收藏到了令人叹为观止的绘画作品。

尽管他自己和一位文案撰稿人结了婚，里索仍然倾向于把文案撰稿人当成白痴。他的公司由客户代表主导。

和我不同，里索坚信名人证言的销售力。他为力士香皂使用好莱坞电影明星，为旁氏产品使用有爵位的英国女性。我的朋友，后来成了爱尔兰总督的厄斯金·查尔德斯当时就负责为里索与那些女性的合作穿针引线。

里索是首位在美国之外设立分支机构的广告公司领导人。当时是20世纪20年代，里索应他们的客户通用汽车的要求。

里索长得很像伍德罗·威尔逊，但他是共和党人。他住在康涅狄格州一幢朴素的房子里，在花园里劳动。他还在怀俄明州有一个牧场。拉斯克尔的铺张挥霍他一样都没有。

但里索也犯过一个错误。他领导智威汤逊的时间太长了。到80岁时，他的广告观念已经过时了。他那些本来能成为好的继任者的同事，都比他先退休了。

## 雷蒙德·罗必凯（1892—1978）

我到美国的第二天，打电话约雷蒙德·罗必凯见面，手里有一封罗斯玛丽女校著名的女校长卡罗琳·露丝·里斯写给他的推荐信。

他在电话里大声说："说说你有什么事？"我答道："我想向你请教。"

第二年，他和后来成为他的市场调查总监的乔治·盖洛普雇用了我，让我负责在普林斯顿的受众研究机构。罗必凯对我们的工作非常感兴趣，对我宽容得出奇。

战后，我决定进广告业碰碰运气。我对扬罗必凯广告公司太敬畏了，根本就不敢向他们求职，但好像我想去工作的广告公司只有他们一家，别无选择，我只好自己创业。罗必凯在去世前写给我的一封信里说："我们在你创立自己的广告公司之前，就已经很了解你的才能了，为什么会错过了你呢？"

当时，我们已经成为密友。说"朋友"好像不太准确，他是我的恩人、激励者、顾问、批评者和偶像，我是崇拜他的信徒。他从扬罗必凯退休很久以后，还一度答应担任奥美的董事会主席。

当今世界上两家最好的广告公司都是雷蒙德·罗必凯留下的身影。他是我40年来的信仰，教我懂得广告有责任行为得体。

如果说"每一家公司都是某个人留下的长长的投影"，那么当今世界上两家最好的广告公司扬罗必凯和奥美，就都是雷蒙德·罗必凯留下的身影。

在我认识的人里，罗必凯的坦诚仅次于我的祖父，而且他在相貌和其他很多方面和我祖父也很相像。他想到什么就说什么，完全不考虑可能的影响。某一天，他可能用让我听起来都脸红的话把我做的广告大肆夸奖一番，几周后，又可能直言不讳地把我另一个广告大批特批一顿，让人无地自容。

罗必凯生于贫困的家庭，是8个孩子中最小的一个，他15岁辍学，之后的9年在全国各地闯荡，做过船务文员、杂役、看牛人、电影放映员、上门推销员、汽车推销员和报社记者（周薪12美元）。24岁时，他在费城的F.沃利斯·阿姆斯特朗广告公司谋得一份文案撰稿人的工作，那家公司现在已经关闭。他后来回忆说："我坐在前厅的一条长凳上，凳子硬得我现在还觉得硌得慌。坐到第9天傍晚，我爆发了……我写了一

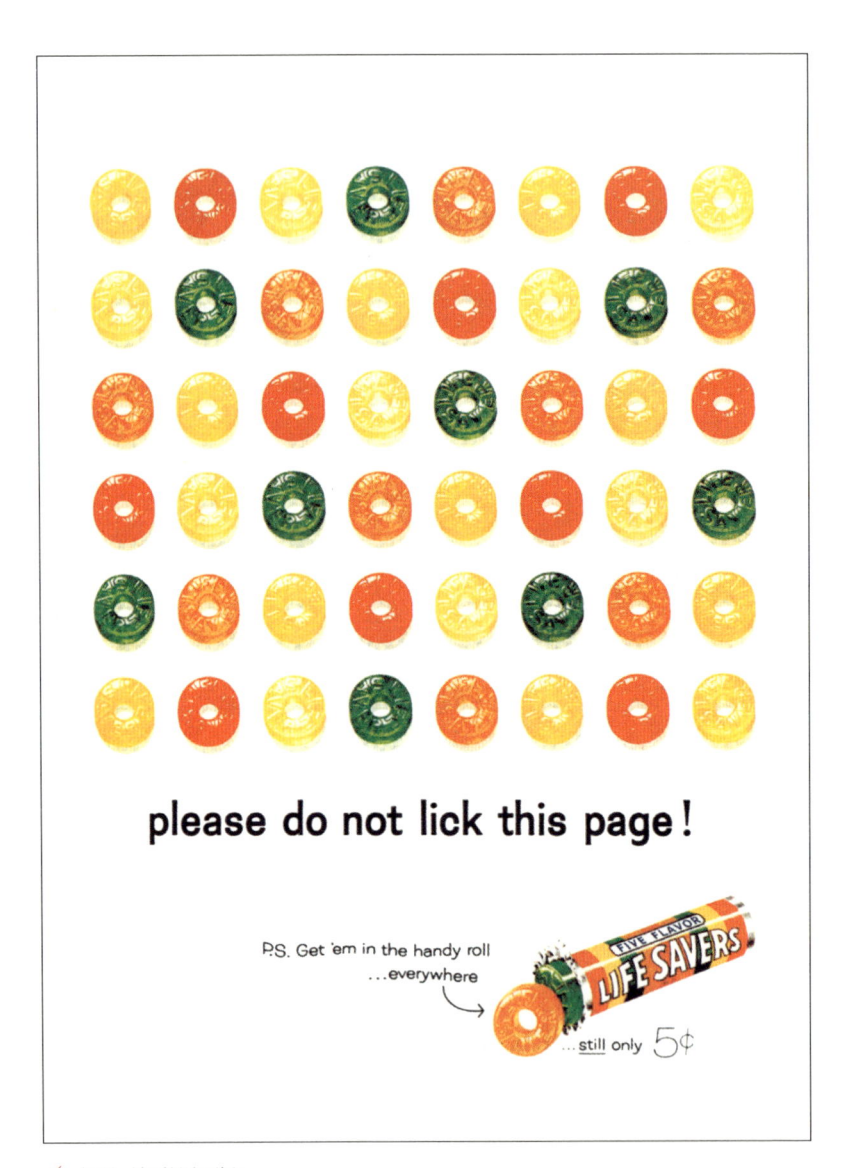

标题：请别舔这页纸！

雷蒙德·罗必凯集结了广告史上最强大的文案撰稿人和艺术指导团队，像杰克·罗斯布鲁克、罗伊·惠蒂尔、沃恩·弗兰纳里、亨利·兰特、乔治·格里宾、锡德·沃德和诺曼·罗宾斯。在罗必凯的激励下，他们创作出阅读量超过所有同行的广告，包括这个 Life Savers 糖果广告。

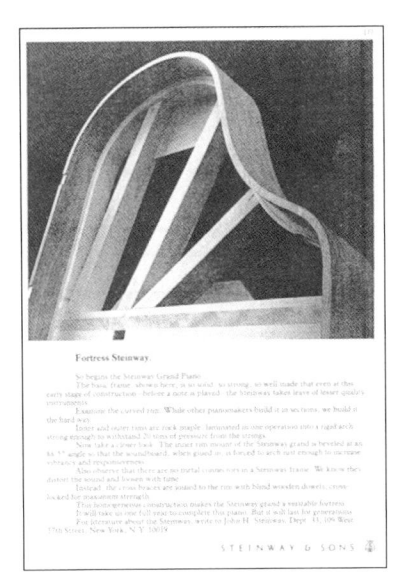

/ 左标题：不朽者的乐器
右标题：斯坦威城堡

**左为雷蒙德·罗必凯 1919 年写的广告，现在看起来有点过时。右为斯坦威 1982 年的广告，看起来很现代。但哪个更容易让人记住呢？**

封精心策划的信给老板，以制造一次即刻面谈，或者让他对我另眼相看。那位老板气呼呼地冲进前厅，手里挥舞着那封信，对我说：'你那些广告写得不怎么样，这封信倒写得有点儿意思。'"

他在阿姆斯特朗公司待了 3 年，但过得并不愉快。"阿姆斯特朗说文案撰稿人是邪恶的必需品，艺术指导不过是烦人的奢侈品，他得跟每个人斗智斗勇。"1919 年，罗必凯去了当时全美国最大的广告公司 N. W. 艾尔，在那儿，他写出了一些日后每一本经典广告作品集都会收录的广告，包括为斯坦威钢琴写的《不朽者的乐器》，为施贵宝写的《无价成分》。在艾尔公司工作 4 年后，他和一位名叫约翰·奥尔·扬的客户代表联手，用少得可怜的钱，创办了扬罗必凯公司。公司资本是 5000 美元，第一个

1923年，这个低调的广告宣告了扬罗必凯广告公司的诞生。

客户也是做小本生意的公司。今天，他们的公司在全球数一数二，年营业额达到30亿美元①。

罗必凯是首位让市场调查成为创意进程的一部分的广告公司领导人。他把盖洛普博士从西北大学请来测量广告阅读量，并用从那些调查研究中浮现出来的原则指导广告创意，由此，扬罗必凯公司的广告阅读量高于所有同行。罗必凯常说，我们帮助销售的方式是先赢得阅读。

> "罗必凯常说，我们帮助销售的方式是先赢得阅读。"

当他发现他们的广告效果经常被在营销上相当低能的客户给浪费掉时，他又雇用了一流的销售经理来教客户做生意。

开业的第一年，扬罗必凯公司创作的广告就因优秀的文案而备受瞩目，但他们的设计——插图、版面编排、字体，却和其他广告公司的作品一样丑陋。意识到这一点，罗必凯请来了当时美国最出色的艺术指导

---

① 如果把埃培智集团旗下三家广告公司的营业额合并计算，它们的营业额就超过扬罗必凯及其下属公司。

沃恩·弗兰纳里，从那时起，扬罗必凯的广告就为美国广告设立了一个新的品位标杆。

但让罗必凯更自豪的，是一个影响更为深远的成就。他晚年告诉我："广告有责任行为得体，我证明了广告公司可以用不欺骗美国公众的方式来销售产品。"尽管这种高尚正直的品行并非罗必凯独有，但他比任何人都有权利为此骄傲。

他对好广告的定义是，"不仅能面向公众做强有力的销售，而且能让公众和广告主把它作为令人尊敬的杰作长期铭记"。

在创意人和客户代表旷日持久的权力之争中，他作为一个文案撰稿人，在很大程度上站在创意人一边。他称客户代表为"联络员"，这个词在当时就是个老派过时的词，现在听起来则更带贬义，并坚持认为他们唯一的作用就是让客户批准广告。

他教会我拒绝那些影响广告公司员工士气的客户。他自己就拒绝了大客户美国烟草，因为不喜欢屈服于声名狼藉的乔治·华盛顿·希尔的仗势欺人。他给我看了他写的拒绝信：

> 我们的合作开始之前，扬罗必凯和美国烟草一直都是各自行业的成功企业，我相信我们的合作终止后——自即日起终止，双方仍继续保持成功。

扬罗必凯的早期成功，很大程度上缘于他们最大的客户是通用食品。有一天，罗必凯告诉通用食品的负责人，他们的广告业务已经大到超出任何单独一家广告公司的服务能力，应该雇用第二家广告代理商，日后可能还需要有第三家。本顿和鲍尔斯广告公司因此得到了它的第一个大客户，通用食品也因此变得信赖罗必凯给出的每一个建议。

二战后期，我在华盛顿担任英国驻美大使馆二等秘书时，曾建议外交部提名罗必凯来负责英国在刚刚成立的联合国的公共关系事务，结果被告知，他只需填写一张申请表就完全可以！

工作之外，他不像斯坦利·里索那么保守。1946 年，他写了一篇文章，发表在《麦考尔》杂志上，公开谴责向日本投放原子弹。他认为，只要证明美国拥有原子弹，就足以迫使日本投降，并让美国成为全球的道德领袖。

广播发展早期，他建议广播节目应该由政府付费，并且不播出广告。1974 年入选广告名人堂时，他在入选致辞中说："对电视全国性的痴迷正在降低全国孩子的读写能力，让学校的工作变得相当艰难。电视也导致人们对犯罪相关的内容过度热衷。如果工业界和广告界能说服电视网缩减广告时间、减少犯罪相关内容，就算是做了一件大好事。"

二战期间，他曾担任华盛顿战时人力资源委员会（War Manpower Commission）主席的特别助理，但那儿的氛围并不适合他。

像其他广告巨人一样，罗必凯也是个完美主义者，习惯于在客户代表已经开始把广告方案提交给顾客审核时否决它们。他总说："客户会在多年之后还记得某个杰作，但很快会忘了它曾经推迟两个月交稿。"他无休无止地工作，直到在第二段婚姻中觅得幸福才有所改变。然后他就退休了，时年 52 岁，搬到了亚利桑那州去住，他在那儿买了一块地，同时担任金宝汤公司的顾问。后来我接替了他的这个职务。

他经营自己的公司只有 21 年，而斯坦利·里索经营智威汤逊 45 年，阿尔伯特·拉斯克尔经营洛德·托马斯 40 年。

扬罗必凯现任总裁曾说："罗必凯用不可思议的玩笑捉弄了所有留下的人，他什么规划都没有留下。"

不过，他留下了一句迄今仍在激励着扬罗必凯年青一代的名言——拒绝平庸。正如他的文案部门负责人罗伊·惠蒂尔的诠释："在广告业，与众不同是伟大的开端，人云亦云是失败的起源。"比尔·伯恩巴克也持有相同的观点。

我和罗必凯相识 40 年，比我在这一章中写到的任何一位广告巨人认识的时间都长，而且我也更敬重他。

> "我和罗必凯相识 40 年，比我在这一章中写到的任何一位广告巨人认识的时间都长，而且我也更敬重他。"

／ 标题：冷静的想法

无往不克的罗必凯团队做的另一个优雅且有效的广告。

# 李奥·贝纳（1897—1971）

　　李奥·贝纳让人印象深刻的，首先是他非同寻常的外貌，对此，卡尔·希克森描述得非常生动："他矮个子，斜肩膀，大肚子，衣领上沾着烟灰。肥大的双下巴让他看起来有点像青蛙。说话时，声音粗哑低沉。不过，最让人难忘的特征，还是他特别凸出的下唇。"

/ 李奥·贝纳是芝加哥广告学派的代表。"做广告难道不是你此生最大的乐趣吗？"

/ 标题：为什么不呢？

典型的李奥·贝纳式广告，请注意海报化的版面编排。

李奥靠替百货公司写商品卡片赚钱上完了大学，毕业后在《皮奥里亚杂志》找到了一份记者工作。后来，他加入凯迪拉克的广告部，从那儿又去了印第安纳波利斯的一家广告公司。在那家公司待了10年后，他作为文案部门负责人加入了欧文·韦西公司（Erwin Wasey）。1935年，他在芝加哥创办了自己的广告公司。但直到60岁时，他的事业才突飞猛进。20年后他去世时，他的公司已经成为纽约之外全球最大的广告公司。

　　他是广告业"芝加哥学派"的领导者——当然这个学派也由他创建。下面是他自己讲述的故事：

> 　　我在密歇根州长大，炎热的夜晚，在那里可以听到玉米拔节的声音。经过那些边远小城，我一点儿一点儿悄悄走近芝加哥。终于在那里扎下根时，我已经40岁了，而且坚守我自己的语言表达风格。
>
> 　　我家乡的人们认为芝加哥是条条大路都能通到的罗马那样的城市——诱人、壮观，或多或少还有点儿邪恶、危险。
>
> 　　对他们来说，纽约像是神话般的存在，而芝加哥更加真实，每个人都有个查理叔叔或者玛贝尔姨妈住在那儿，要么是格伦埃林[①]（Glen Ellyn），要么是什么别的地方。无论人们是否喜欢芝加哥，它都像个"家人"，如同一个外出闯荡的游子，以颇具争议的方式发了横财。对芝加哥的这种感觉，是我们小镇人的专利，当我们这群乡巴佬从各个角落聚集到芝加哥时，我们马上能认出彼此，并且知道，我们到家了。

---

[①] 芝加哥西部小镇，距市中心20英里。——译者注

我认为，我所接触的芝加哥是中西部的心脏、灵魂、大脑和最深的内核。在这儿做广告的人，都是头脑里充满了草原城镇的看法和价值观的家伙。

在这儿，我并不想争论芝加哥是否在某种程度上比其他城市，比如纽约，更值得关注，我想说的是，我们土生土长的表达风格、灵活不刻板的态度立场、天真质朴的思考方式，让我们更容易做出能直截了当地对大多数美国人说话的广告——就这样。

我们芝加哥的广告人都是工作硬汉，文案撰稿人在拿起粗大的黑铅笔之前，会往手掌上吐点儿唾沫，而且我们的广告母语被芝加哥清新的风吹拂过，被密歇根清澈的湖水涤荡过。

在我看来，芝加哥广告从美国丰富的民间传统中汲取了大量的营养，并且用一种热情、鲜活的方式恢复它的魅力，让它得以长久留存。

我想这儿的文案撰稿人如果觉得 ain't[①]能准确地表达他的意思，就会把 ain't 写进文案。记住威尔·罗杰斯说过的话："那些从不说 ain't 的人，是不食人间烟火的。"

李奥对我最大的赞扬是在接受《芝加哥论坛报》采访时说，纽约也有一家公司属于"芝加哥学派"，就是奥美。他还曾经建议我们两家公司合并。

他对创意过程的看法，可以用他自己的三句话概括：

---

① 正确写法是 aren't。——译者注

1）产品具有与生俱来的戏剧性，我们的首要工作，就是把它挖掘出来，并发扬光大。
2）伸手摘星，即便一无所获，也不至满手污泥。
3）把自己沉浸到素材中，拼命工作，并且热爱、尊重、听从你的直觉。

他为文案撰稿人和艺术指导的工作都设定了高标准，并把这些标准始终应用于创意评审委员会对工作成果的审核。他有一次把执行这些标准的折磨，比作"钝刀割肉"。晚年他写道："回顾我们最伟大的成就，没有一件诞生于令人愉快、轻松、热情的氛围，都是在高度紧张和抱怨交织的状态下完成的。"

他不欣赏为了创意而创意，曾经引用他前老板的话说："如果你坚持为与众不同而与众不同，可以每天早晨嘴里都塞着一只袜子来上班。"

他并不把任务指派给某一个创意小组，而习惯于让好几个组做同一个项目，彼此竞争，这样保证他们总能做出好广告。

毫无疑问，李奥最伟大的纪念碑是他的万宝路广告。它让一个鲜为人知的品牌，一举成为全球销量最大的香烟品牌。在李奥做出它 25 年之后，这个广告仍在继续。

**"毫无疑问，李奥最伟大的纪念碑是他的万宝路广告。"**

印刷媒体一直是他最感兴趣的广告媒体。因为从未在直接反应广告领域工作过，他很少把功夫下在长文案上，他的大部分广告看起来都更像小型海报。

他喜欢使用质朴、直白的语言。他办公桌上有个文件夹，标签上写着"俗语"。"我这里的俗语，指的不是通常意义上的格言、俏皮话和俚语，而是那种土生土长的词语、习语和类比，诚实、直截了当、一针见血。有时我会在新闻故事或者一段随意的闲谈中遇到这样的表达，我就记下来，塞到这个文件夹里，几年后，它们就可能出现在某个广告中。"

见到员工中有人使用竞争对手的产品，他发出了如下备忘：

你们都很清楚，你我的收入百分之百来自我们客户产品的销售。

进入广告行业36年，我一直天真地信守一个原则，那就是：如果我们对一个产品的信任没有强大到让我们自己也使用它，那么把它通过广告推荐给别人就是自欺欺人。

我知道我们每个人心中都存在一种无意识的反叛权威的独立精神，你我都想证明，自己不会被任何人左右，但是，我一直认为，我们有更好、更有益的方式去证明这一点，而不是靠公然避免使用甚至藐视付我们钱的人的产品来实现。

我想，我们同行公司的一位副总裁的话非常贴切地概括了我的想法。有人问他，为什么要抽他们公司正在服务的一个不知名香烟品牌的烟，他说："我觉得，没有任何滋味或者香气比面包和黄油更好。"

李奥还强烈反对大型广告公司将公司影响力的提升看得比服务客户还重要的倾向。去世前不久，他告诉员工：

未来的某一时刻，在我最终离开公司之后，你们可能也想从公司名称中去掉我的名字。

但我也想告诉你们，什么时候我会要求你们公司从大门上拿掉我的名字——当你们花更多时间去赚钱，花更少的时间做广告时；当你们最大的兴趣，变成只想成为更大的公司，而不是勤奋工作，做出更出色、更精彩的广告时。

真希望这是我写的。

他有两个儿子，一位是地质学家，一位是建筑设计师；还有一个女儿，是位诗人。他住在芝加哥郊外的一个农场，但一年有 364 天都在工作，极少数的例外，是偶尔去阿灵顿赛马场看赛马，他在那儿有个包厢。他热爱野外的花草树木和猜字游戏。

## 克劳德·霍普金斯（1867—1932）

克劳德·霍普金斯的著作《科学的广告》（Scientific Advertising）祛除了我们那一代英国文案撰稿人的伪文学病，让我认识到广告的责任在于销售，改变了我的一生。

17 岁时，霍普金斯是一位非神职的讲道者，不过他背叛了全家人虔诚的浸信会信仰，去找了一份簿记员的工作。不久之后，他加入必胜地毯清扫器公司，创造性使用了全新的销售策略，让必胜成为一个占垄断地位的品牌。后来，他转而担任广告经理，接着又转到舒普博士（Dr. Shoop）的专利药品公司。在那儿，他说服广告部门允许他不仅为舒普博士的公司写广告，同时也为蒙哥马利·沃德公司[①]和舒力滋啤酒写广告。

41 岁时，他受雇于阿尔伯特·拉斯克尔的洛德·托马斯公司，担任文案撰稿人。拉斯克尔每年付他 18.5 万美元——相当于现在的 200 万美元。他在洛德·托马斯公司待了 18 年。

---

① 芝加哥一家大型百货公司。——译者注

霍普金斯是个地地道道的工作狂，很少在凌晨之前离开办公室。星期天是他最喜欢的日子，因为可以不受干扰地工作。

从他的打字机打出来的广告，让很多产品名声大噪，比如"白速得"牙膏（Pepsodent）、棕榄产品（Palmolive），还有6款汽车。他发明了新产品强效分销的方法，还发明了试销、使用优惠券索取样品和文案测试。

他认为，任何有大学文凭的人，都不该为大众市场写广告。我明白他的意思。

在试验新方法上，他是个不折不扣的实践者，永远在测试新创意，以获得更好的效果。即便像波利茨（Politz）曾经指出的那样，他从来没有证明"通过试验获得的直接发现和通过一般性观察、按照常理推测可以得到的结论的分界线"在哪里。

他的一些结论被后来的市场调查证明是错误的。比如，他曾说："每个广告都应该只考虑新消费者，已经在用你产品的人，不会再去看你的广告。"我们现在知道，他说的不对。事实是，某产品的现有消费者会比从未使用过的人更多地去读该产品的广告。

他是个腼腆、沉静的小个子，说话明显口齿不清，小时候被昵称为Thee Thee，因为总是把自己名字的缩写 C. C.（Claude C. Hopkins）读成那个音。但他是个特别会讲故事的人，晚餐后也非常健谈，衣服的扣眼上戴着一朵紫红色的倒挂金钟，嘴里嚼着甘草根，说话时唾沫星不停飞向对方。

尽管霍普金斯变得富有，却小气得出奇，从来不买超过6美元一双的皮鞋。不过他的第二任妻子却说服他买了一艘远洋帆船，给他们的庄园雇了一大群园丁，还买路易十六时代的家具。她在家没完没了地宴客，还要霍普金斯弹斯卡拉蒂的曲子，一次能弹好几个小时。

他认为广告中用插图是浪费版面。60年前，杂志和报纸都很薄，对读者注意力的争夺也不激烈，插图可能确实不重要。但即便是现在，经验丰富的广告人也很少会不赞同下面这些说法：

- 一个测试性的广告，可以又快又省钱地对大部分问题给出最终答案。这也是获得答案的正确途径——坐在那儿争论不解决任何问题。
- 写广告的人忘了他们是销售人员，而努力成为演员。他们不谋求销售，却谋求掌声。
- 只要有可能，我们都要为广告塑造名人。让一个人变得有名，我们就能让他的产品变得有名。
- 换一个标题就能获得 5 ～ 10 倍的回应，这种情况并不少见。
- 短广告从不能一举奏效。任何持续的广告活动都应该讲一个完整的故事。

今天，如果还有人记得霍普金斯，记得的也是他坚定地倡导强销。然而，他其实已经觉察到品牌形象的重要性——在广告业开始使用这个术语很久以前。"试着赋予每一位广告主适当的风格。创造出正确的个性，是广告的最高成就。"

雷蒙德·罗必凯厌恶霍普金斯，认为他一生都致力于欺骗公众。罗必凯有一次跟我说，"你是上过大学的霍普金斯"，这是我听过的最话里有话的赞美。

去世前 5 年，霍普金斯写道："我在广告业最主要的工作，就是处理各种紧急情况。没人在天空万里无云、海面风平浪静时来找我。几乎每个客户都在开始顺风顺水时离我而去。"厌倦了不停地把客户从破产边缘救回来，让他们变得比自己有钱，霍普金斯从洛德·托马斯辞职，开始自己创业。但他开始得太晚了。

> "霍普金斯对任何事都不感兴趣，除了广告。"

霍普金斯对任何事都不感兴趣，除了广告。从他自传的最后一句话中，我们能读出他内心可怕的矛盾："最幸福的人是最亲近自然的人，这是在广告业获得成功的必备要素。"

## 比尔·伯恩巴克（1911—1982）

比尔·伯恩巴克和我同一年创办自己的广告公司，而且我们都是以文案撰稿人的身份成名。

他比我写到的另外五位广告巨人中最年轻的一位还晚出生19年。从纽约大学毕业并获得英语文学学位后，他在申利公司的邮件收发室找到了一份工作，被当时的董事会主席格罗弗·维伦发现并提携。维伦离开申利去负责世界博览会，带上了比尔做他的演讲撰稿人。世界博览会结束后，比尔加入了魏因特劳布广告公司，搭档是杰出的艺术指导、包豪斯艺术设计风格的叛逆者保罗·兰德。

二战期间，他从军两年，之后进入葛瑞（Grey）广告公司，很快成为创意负责人。4年后，他和内德·多伊尔、马克斯·戴恩一起，以1200美元的投资，创办了自己的广告公司，虽然他的名字出现在公司名称DDB的最后，但那是谁的公司从无任何疑问。今天，DDB是全球第十大广告公司，年营业额超过10亿美元。

比尔总能营造出一种让有才能的人大显身手的氛围。曾经有一位女性文案

比尔·伯恩巴克是"一位有头脑的绅士"。他崇尚独创性，是创意界的英雄。

撰稿人，在我这儿只能写出极其枯燥乏味的文案，到了比尔那里却佳作频出。对于他公司的作品，比尔是一位让人难以抗拒的销售人员，而且固执得可怕。我担任联合黑人学院基金主席时，他自告奋勇要做个电视广告为基金募捐。我斗胆提醒他，他的故事板虽然看起来不错，但恐怕无法募集到现金捐款，他回答说："大卫，别担心，还有很多别的广告公司很乐意为你做点儿事。"结果，比尔的电视广告就照提案时的样子播出了。

我听说他曾经随身带着一张卡片，上面写着一句老生常谈的自警："也许他是对的。"我有一次亲耳听到他承认一位客户是对的。这件破天荒的事发生在白宫的午餐会上，当时约翰逊总统的一位助手正在批评前一天晚上播出的反戈德华特[1]的电视广告，那个广告是比尔做的。

> "我听说他曾经随身带着一张卡片，上面写着一句老生常谈的自警：'也许他是对的。'"

他有一种将文案和插图融为一体的天赋，而且从来没有像我一样，犯过让文案撰稿人从属于艺术指导的错误。

他认为，创意品质和优秀执行对成功的广告来说都不可或缺。我也这样认为。

他崇尚独创性，不厌其烦地谴责调查，说它是创意的敌人。这可能激怒了他的一些客户，但让他成为创意界的英雄。

他所有的杰作中，我最欣赏的是大众甲壳虫汽车和安飞士租车公司的广告。他在包装食品广告方面不是特别成功，因为那些客户比较喜欢把正统的观念强加给广告公司。我常常想，如果他像我一样，从上门推

---

[1] 巴里·莫里斯·戈德华特（Barry Morris Goldwater，1909—1998）是美国政治家，共和党人，1964 年美国总统选举时共和党的总统候选人。——译者注

销员开始做起,他的广告会不会就不那么斯文雅致了呢?

他说话声音轻柔平静,整个人看起来谦虚庄重。但事实并非如此。我上次见他,是请他和罗瑟·瑞夫斯吃午饭。比尔对着罗瑟和我滔滔不绝,好像我们俩是他公司的实习生。一些古板的竞争对手开始想从他公司挖走一些新潮时髦的广告人,他告诉我:"他们不知道,没有我的引领,这些人什么用都没有。"他也确实在引领着他们,无论他们的广告多机智、多有独创性,他都坚持广告应该让产品成为英雄。

他是个善于思考的人,生活从不铺张,在时间管理上拥有广告公司领导人中少见的自律。有一次,他告诉我他从不在办公室待到超过下午5点,从不把工作带回家,从不在周末工作:"你看,大卫,我热爱我的家庭。"

去世前不久,有人问他,期待广告业在80年代发生哪些变化,他回答说:"人性已经有十几亿年没变了,我不担心下个十亿年就会变。变化的只有外表。谈论不断变化的人是一种时髦,但一个传播者必须关注不变的人——什么样的欲望在驱动他,什么样的本能决定他的一举一动,即便他真正的动机太过频繁地被言语掩饰起来。因为只有了解这些,你才能触及一个人内在的核心。这些是永远不变的。能洞察人性、能通过艺术技巧去触及和改变人们的创意人,会获得成功。做不到这一点,必定失败。"

他是一位有头脑的绅士。

如果需要再选择五位广告巨人,来完成一份美国广告史上广告巨人名单,他们会是三位文案撰稿人——智威汤逊公司的詹姆斯·韦伯·扬、N.W.艾尔公司的乔治·塞西尔、扬罗必凯公司的杰克·罗斯布鲁克，一位艺术指导——扬罗必凯公司的沃恩·弗兰纳里，还有一位开拓新业务的奇才——BBDO公司的本·达菲。

在世的广告明星中我会选谁？他们的名字，锁在我的保险柜里。

# 19.

## 广告业怎么了？

汤因比、加尔布雷斯对罗斯福、丘吉尔

# Ogilvy

在《一个广告人的自白》中，我曾援引阿诺德·汤因比、约翰·肯尼思·加尔布雷思和一大群早期的经济学家对广告的公开批判，并抬出富兰克林·罗斯福、温斯顿·丘吉尔做证人来为广告辩护。

在《一个广告人的自白》出版20年后，学者们依然在老调重弹。纽约社会研究新学院一位教授告诉学生："广告在美国生活中是纯粹的破坏性力量。它是智力和道德上的污染。它轻视、操控大众，虚伪且庸俗，正在逐渐削弱美国和我们自身。"

我的天，我赖以为生的行业果真如此吗？

一些为广告业辩护的人，同样也应该为他们的言过其实而羞愧。伟大的芝加哥广告人李奥·贝纳说："很多为广告业鼓吹的人，都希望公众认为广告是人类头脑最伟大的创造，但它不是。它并未如那些人所说，以一己之力支撑着整个资本主义体系及其民主和自由。说我们是超人也罢，指责我们没有人性也罢，二者都一样荒谬。我们只是普普通通的人，自尊、正派，凭自己的本事，尽力做好一桩必要的人类工作。"

> **"我的天，我赖以为生的行业果真如此吗？"**

我的观点是，广告不过是推销商品的一种合理有效的方式。宝洁每年在广告上花费超过6亿美元，有人援引宝洁前总裁霍华德·摩根斯的话说："我们相信广告是向消费者销售商品最有效果和效率的方式。如果我

/ 标题：帕布罗·卡萨尔斯[1]回家了——致波多黎各

为波多黎各写广告时，我不觉得自己"邪恶"。那些广告为这个在饥饿边缘挣扎了 400 年的地方吸引到了工业和游客。

们能找到别的更好的方式，我们会放弃广告，转向其他方式。"

我们广告人中，很少有人因自己谋生方式带来的负罪感而夜不能寐。用丘吉尔的话说，我们继续该干吗干吗。写牙膏广告时，我们不觉得是在做一件具有颠覆性的事情，如果我们把牙膏广告做得很好，孩子们就可以不用经常去看牙医了。

为波多黎各创作广告的时候，我也没什么罪恶感。广告帮 400 多年来一直挣扎在饥饿边缘的波多黎各引来了外资和游客。

---

[1] 帕布罗·卡萨尔斯（Pablo Casals）1876—1973，西班牙大提琴演奏家，逝世于波多黎各圣胡安。——译者注

为世界自然基金会写广告时，我也不觉得自己"轻视"了谁。

我写了一个广告，从打狗者那儿追回了孩子们的爱犬泰迪，他们都很感激。

没人因为报刊使用的印刷技术可以用来印刷色情书刊而说报刊媒体邪恶，同样的技术，也可以用来印《圣经》。只有用来为邪恶的事物做广告时，广告才是邪恶的。我在广告业认识的每一个人，都不会为妓院做广告，其中有些还拒绝为酒精饮料和香烟做广告。

左翼经济学家从来都渴望一把夺过上帝手里的鞭子，他们认为广告引诱人们在并不需要的东西上浪费钱财。谁来决定这些精英需要什么呢？你需要洗碗机吗？需要除臭剂吗？需要到罗马旅行一次吗？说服你需要它们，我一点儿都不会良心不安。信奉加尔文主义的学者们，似乎并不知道购物可以成为生活中无伤大雅的乐趣，无论你是否需要它们。还记得你买到人生第一辆汽车时，有多心花怒放吗？大部分人都喜欢看着广告"买"东西，无论是看降价商品，还是看奢侈品。我看乡村别墅的广告看了40年，最后终于攒够钱买了一幢。

人们已经知道，报纸上某个广告的阅读量比任何一条新闻都多，这不是什么新鲜事。1963年，纽约所有报纸罢工几个星期时，调查显示，读者们最怀念的是报纸上的广告。

**LOST DOG**

Our dog Teddy lost

on 84th street
(Manhattan)

looks like Lassie

Telephone LE 5-1053

Reward $100.00

/ 我写了一个广告，从打狗者那儿追回了孩子们的爱犬泰迪时，他们都很感激。

如果广告被废止，剩下的广告费会用来做什么？投入公共事业？作为额外红利分配给股东？还是支付给媒体以弥补他们失去最大收益来源的损失？或许也可以用来降低产品对消费者的售价——大约能降3%①。

## 广告是一连串的谎言吗？

前几天，我去参加在新德里召开的亚洲广告大会，印度前副总统兼首席大法官在介绍我时说："他擅长斯蒂芬·李科克②所说的让人们的智力失灵足够长时间，以便从他们身上赚钱的技术。"

即便广告业仍然有天生的说谎者，情况也完全可控。我们写的每一个广告，都会由律师、全国广播协会和其他此类机构做细致的审查。商业改善局和全国广告审查委员会（英国是广告标准局）会审查有违反各种规范嫌疑的广告。联邦贸易委员会也时刻准备着控告我们欺骗。"货物出门概不退换"已经变成了包退包换。

但奇怪的是，联邦贸易委员会却并不检查美国政府部门发布的广告。米尔顿·弗里德曼曾写道："过去十年，任何购买国债的人都损失惨重。债券到期时，他拿回的钱能买到的商品或者服务，价值会大大低于他购买国债时付出的金额，而且他还得为这项被标记为'投资'的交易纳税。尽管如此，财政部却依然在做广告，说国债可以'建立个人财务安全'，是'不断增值的礼物'"。③

---

① 汽车制造商把销售额的1%用来做广告，电器制造商是2%，软饮料制造商是4%，食品制造商和啤酒厂商是5%。
② 著名的加拿大幽默作家，在美国被认为是继马克·吐温之后最受人欢迎的幽默作家。——译者注
③ Free to Choose, by Milton Friedman & Rose Friedman. New York: Harcourt Brace, 1980.

## "我们这个时代的挽歌"

尽管极少有广告能被定以反人类罪，但每个美国家庭每年曝露于3万个电视广告的平均量，这一事实仍然表明，威尔弗里德·希德的说法很有道理，他说："叫卖的音浪，是我们这个时代的挽歌。"住在纽约时，我从没注意到这一点，既是因为我忙得每天只看不超过半小时电视（看沃尔特·克朗凯特的节目），也是因为对广告的习以为常降低了我对此事的警觉。但搬到欧洲长住后，我开始习惯于那儿相对较少的广告。现在，每次回到美国，我都被扑面而来的广告搞得火冒三丈。不仅电视如此，周日的《纽约时报》会有350页广告，一些广播电台会把1小时当中的40分钟，都卖给广告。我不知道如何将如此庞杂的广告纳入管制，媒体所有者的趋利动机实在太强了。

普通美国家庭电视不管看与不看，每天都会打开5个小时，一生中电视开着的时间，会长达25年，但这种痴迷不能归咎于电视广告。

## 操控？

你可能听到有人说广告是一种"操控"。关于操控，我只知道两个例子，而且都没有真正发生。1957年，有人拜访詹姆斯·维卡里，说如果在电视上用极快的速度向观众闪现某种指令，快到观众无法感知到他们已经看见，但他们的"潜意识"会看到它们，并且遵从指令。那家伙把这个花招称为"潜意识"广告，但他并没能成功说服别人，也从来没有广告主采用此法。不幸的是，他的这个假说被大众印刷媒体刊登了出来，给反对广告的那帮人提供了弹药。英国广告从业者协会甚至一本正经地禁止使用潜意识广告——实际上它根本就没存在过。

> 标题：他们怎么敢！

英国广告标准局负责监管英国广告。

> "我本人有一次险些干出蠢事，直到今天，我还在犹豫要不要把它说出来。"

另一个例子可能会让你不寒而栗。这是我本人险些干出来的蠢事，直到 30 年后的今天，我都还犹豫着要不要把它说出来。我觉得催眠术可能是广告成功的因素之一，就雇用一位催眠专家做了一个电视广告。在提案室里见到这个广告时，我发现它的力量实在是太强大了，我仿佛能看到数百万容易被人蛊惑的消费者从椅子上站起来，像僵尸一样闯过拥挤的车流，冲到最近的商店去抢购广告中的商品。我发明了这个终极广告术吗？不，我烧掉了那个广告，没有将提案交给客户，我差一点就让它成为全国性的丑闻。

无论如何，现在能让你免于被广告操控的规制有很多，即便我想操控你，也不知道如何避免触犯法律。

且慢，我差点忘了。确实有一类广告完全不在控制之内，而且臭名昭著地不诚实，那就是总统大选候选人的电视竞选广告。

## 政治欺骗？

虽然英国、法国、伊朗的政治家有时会向我咨询，但我从不接受将政党作为奥美的客户。因为：第一，政党客户会占用广告公司最优秀的头脑，影响我们服务长期客户；第二，他们是信用不佳的客户；第三，这对广告公司中希望另一个党获胜的员工不公平；第四，在政党广告中，你很难避免欺骗，因为它是所有政治竞选活动的通病。

> "确实有一类广告完全不在控制之内，而且臭名昭著地不诚实，那就是总统大选候选人的电视竞选广告。"

/ 大吹大擂的美国政治广告。美国的政治广告不应该像商业广告一样，经受认真细致的审查吗？

> 杜威州长，一位科学严谨的政客。

首位使用电视的政治家是杜威州长，那是在 1950 年，他竞选纽约州州长时。在一档名为《快乐的费尔顿》的电视节目中，主持人在第七大道阿斯特酒店门口采访路人，请他们说出自己对这次竞选最感兴趣的是什么，并向州长提问。杜威在演播室通过显示屏观看采访，回答他们的问题。在节目的前一天，杜威的工作人员精心挑选了那些路人，告诉他们要说自己对什么感兴趣，并且进行了演练。这个电视竞选活动的最后一天，杜威从早晨 6 点到午夜都待在演播室，人们可以打电话进来。屏幕上，有 4 位女性负责接听电话，并把提问传递给杜威。他的一位工作人员则待在街角药店门口的电话亭里，手边放着一堆硬币。

杜威，前地方检察官、反腐斗士、一州之长，自认为是个正直体面的人，永远不会认为自己参与了某种骗局。我想，30 年后的今天，任何一个人，无论他体面还是不体面，都不会上演这么一出戏。时移世易。

杜威是个科学严谨的政客。每次就重要议题发表演讲，他都会通过调查研究，了解什么样的政策拥有民众最广泛的支持，然后就在演讲中提出它们，好像他自己对那些主张真的深信不疑。

在《欺骗美国选民》（*The Duping of the American Voter*）一书中，我的同事罗伯特·什佩罗分析了肯尼迪、约翰逊、尼克松、福特和卡特的电视竞选广告，最后总结道："那些广告是所有广告中最具欺骗性、最具误导性、最不公正、最不诚实的……关于能说什么、能承诺什么、能指控别人什么、能撒什么样的谎，简直就是无法无天，没有任何限制。"

联邦政府管理商品广告的9个专门机构对政治广告没有任何发言权。电视网会以违反他们的规范为由，拒绝半数商品广告，但从不使用任何一条规范来审查政治广告。为什么呢？因为按照美国宪法第一修正案，政治广告被视为"受保护的言论"。于是，电视网不得不播出提交给他们的每一条政治广告，尽管它们并不诚实。

1964年，约翰逊的电视竞选广告将参议员戈德华特贬低为见利忘义的骗子。同样的手法，牙膏广告绝不许用。他们诱导选民相信戈德华特

/ **1964年，巴里·戈德华特的总统竞选被对手林登·约翰逊不诚实的电视广告彻底搞砸了。**

19 广告业怎么了？ 355

是不负责任的好斗狂魔，认为他只要有机会，就会发动核战争，而约翰逊则被塑造成和平鸽的形象。

那么，这到底是怎么回事儿？在公共事务上，戈德华特其实一直是最公正的人之一。曾经有记者请他区分导弹的可靠性和准确性，他回答说，精确制导能准确到把导弹"投进克里姆林宫的男厕所"。在另一次采访中，他告诉记者，使用低当量的核武器可以摧毁北越的丛林。这些都是从理论上回答特定问题，并不意味着戈德华特是在提议使用核武器，这一点约翰逊其实也很清楚。

尼克松对休伯特·汉弗莱和乔治·麦戈文的竞选广告，不诚实程度要低一点儿，但同样违背了电视网对商品广告的规范。

吉米·卡特的电视竞选广告将他刻画成一个清白无辜的政治新手，没有政治组织，只是个没什么钱的穷农场主。没什么事能比这更假了，但选民们居然就信以为真。相比之下，他的共和党竞争对手杰拉尔德·福特的竞选广告诚实多了，但他输掉了选举。

/ 吉米·卡特的竞选广告塑造出的淳朴亲民形象掩盖了竞选真相——一部高度专业、代价昂贵的政治机器在运行它。

肯尼迪家族和洛克菲勒家族已经证明，作为政客，富有是很有帮助的。在西弗吉尼亚民主党州长第二任期的竞选活动中，杰伊·洛克菲勒自己出资 1100 万美元，击败了只花了 80 万美元的共和党竞争对手。洛克菲勒的竞选广告具有罕见的政治家风范。一项调查表明，西弗吉尼亚的公众并不觉得他高昂的竞选费用有什么可大惊小怪的。然而，即便是他叔叔纳尔逊·洛克菲勒再次竞选纽约州长时，也没花那么多。

在电视广告经常作为决定性因素，决定谁是下一任美国总统的时代，不诚实的广告，其邪恶程度和用伪选票塞满投票箱没什么两样。那些用此等邪恶行为糟蹋自己才能的广告人，或许是太天真了，理解不了这个议题的复杂性。

**"在电视广告经常作为决定性因素，决定谁是下一任美国总统的时代，不诚实的广告，其邪恶程度和用伪选票塞满投票箱没什么两样。"**

美国几乎是唯一一个允许政治候选人购买电视广告时间的国家。在英国、法国和其他民主国家，电视网会免费分配时间，用于选举议题的严肃讨论。

美国的政治广告能被废止吗？在不违反美国宪法的前提下，不能。能像所有其他类型的广告一样，受到有效管控吗？那样做，也不合法。

你能想象亚伯拉罕·林肯雇用广告公司，就奴隶制问题拍一个 30 秒的电视广告吗？

# 广告牌

有广告牌的公路发生交通事故的次数，三倍于没有广告牌的公路。艾森豪威尔总统曾说："我反对那些破坏风景的广告牌，但不知道我能对它做点儿什么。"加利福尼亚州州长派特·布朗也说过："一个人从车里扔出一个空烟盒，会被罚款 50 美元；而一个人修建一个广告牌横在一片风景中，却会得到丰厚的回报。"

// 约翰逊总统向国会提交公路美化议案时，一家广告牌公司的负责人宣称："有时，大多数人宁可看广告牌而不是看风景。"

纽约州著名的公园管理委员鲍勃·摩西说："必须制止这种傲慢且厚颜无耻的行为，再不能向那些顽固无情的家伙妥协了。"不过大部分立法委员仍然打算向那些家伙妥协。一位州参议员解释道：

> 广告牌的游说团体特别精明，他们在选举期间免费为立法委员们提供广告牌的版面，让很多立法委员都欠了他们人情。如果有谁胆敢支持反广告牌的法律，和他们对着干，游说团体就会发起凶猛的攻击。他们会资助你的对手，在你的选区制造政治事端，赞助广告牌给你的竞争者，雇人在选民中散布关于你的谣言。

《纽约时报》说:"这股丑化政客的力量十分猖獗,伊利诺伊州的民主党人和佛罗里达州的共和党人已经决定联手,以牺牲几百万希望能边开车边看风景的普通游客的利益为代价,保护广告牌产业的财务安全。"

《公路美化法案》实际上也在表明,国会意在促进户外广告的发展。联邦政府的一些部门是广告牌的用户。国内税务署有一次就接受了4000块空白广告牌的捐赠,用于做广告敦促纳税人如实报税。

有一天,时任壳牌总裁的蒙蒂·斯帕特问我:"我们收到很多反对使用广告牌的抗议信,我们真的需要用广告牌吗?"我回答他:"放弃广告牌,你还可以用报纸、杂志、广播、电视,这些应该足够用了。"于是壳牌放弃了广告牌。

广告牌的营业额在美国广告业的总营业额中只占不足2%,我不能相信如果废止了它们,自由企业制度会遭受无法挽回的伤害。什么样的人会支持广告牌的存在?只有从中赚钱的人。约翰逊总统向国会提交公路美化议案时,一家广告牌公司的负责人说,约翰逊"站在'美'的立场上来支持广告牌。一些人喜欢看风景,会对美感兴趣,其他人则要么无所谓,要么不喜欢。有时,大多数人宁可看广告牌而不是看风景"。

路边商业协会(Roadside Business Association)说:"我们不认为每个人在所有事上都追求美。"

1958年一个周日上午,一群人自发组织起来,锯倒了新墨西哥州一条公路沿线的7个广告牌。周边地区的居民表示支持他们的行动。有人打电话抱怨,说这些侠客锯倒的还不够多,另一个电话说他们影响到了另一大群居民在当月晚些时候大规模烧毁广告牌的计划。那些侠客从未被拘捕。

1961年,加拿大魁北克省政府派出数百人,带着斧头去砍广告牌。1963年,纽约州公路局在凌晨突袭,推倒了53个广告牌——他们被法律上没完没了的争论烦透了。但是,1982年6月,俄勒冈州的一项判决,推翻了之前关于清除广告牌的法令，理由是清除广告牌是剥夺言论自由。争论仍在继续。

## 广告会推销劣质产品吗？

有人经常指责广告，说它能说服人们购买品质较差的产品。广告确实能这么做——但只能做一次，消费者会发现产品不够好，然后不再买它。这会给制造商带来致命的财务损失，因为他们的利润来自重复购买。

> "提升销售的最佳途径是改进产品。"

提升销售的最佳途径是改进产品。食品类产品尤其如此。消费者注意到口味提升的速度快得惊人，一旦发现口味改善，他们会购买得更频繁。我一直对产品经理们缺乏改进产品的兴趣很不满意。一位客户曾经警告我："你太喜欢批评我们的产品了。接受妻子的批评，都比接受你的批评容易得多。"

## 不充足的信息

你认为广告会提供关于产品的充足信息吗？我认为不会。

最近，我的车撞得已无法修理，需要买一辆新车。整整 6 个月，我看了所有的汽车广告，希望能获取信息。但我得到的，只是愚蠢和浮夸笼统的广告之词。汽车制造商们都假定你对事实不感兴趣。事实上，他们的广告并不是做给消费者看的，目标是在喧闹的经销商大会上播放时，能赢得热烈的掌声。娱乐性的广告会有此效果，但冷静持重的事实型广告则不行。如果他们汽车的引擎和广告一样无能，车子开不出 10 英里就会抛锚。

为劳斯莱斯做广告时，我只给出事实——没有空话，没有形容词。后来，我同事汉克·伯恩哈德将同样的事实型手法用于梅赛德斯的广告。每一个案例都只用掉了微不足道的广告预算就使销售获得大幅提升。

我曾经为银行、汽油、券商、人造黄油、国际旅游以及许多其他类型的产品写过事实型广告，它们总能比空洞无物的广告带来更好的销售。

开始写广告之前，我花了3年时间，挨门挨户地向苏格兰的家庭主妇推销将军牌炉灶。我所做的就是向消费者讲事实。每次销售，我都要讲40分钟，大约3000个单词。如果为底特律写广告的人从上门推销开始他们的职业生涯，你我都会从他们的广告中获得自己需要的信息了。

## 总结

1）无论经济学家们宣称广告是"经济上"的浪费的观点是对是错，制造商们都不会认为广告是"商业上"的浪费。
2）除了确定无疑不诚实的政治广告，广告现在比消费者认为的要诚实得多。
3）没有广告牌，这个世界会更安全、更漂亮。
4）大部分广告都没能为消费者提供充足的信息。

# 20.

## 我预言13个变化

# Ogilvy

我从来不是未来主义者，而且对未来的兴趣逐年降低。不过，出版商坚持让我稍稍预言一下我亲爱的读者会看到的广告业的变化，下面这些就是。

1) 市场调查的品质将日益提升，从而带来更多关于广告中什么元素奏效、什么元素不奏效的知识。创意人员将运用这些知识，提升他们让收银机叮咚作响的频率。
2) 印刷广告将会复兴。
3) 广告中的信息会更多，空话会减少。
4) 广告牌将被废止。
5) 电视和广播广告的乱象将得到控制。
6) 政府以教育，尤其是健康教育为目的的广告将大幅增加。
7) 广告会在控制人口爆炸式增长的过程中起到一定作用。
8) 政治候选人将停止使用不诚实的广告。
9) 海外广告的品质和效果将加速度提升，更多的外国"龟"会赶超美国"兔"。
10) 一些外国广告公司将在美国开设分公司，并获得成功。
11) 跨国公司将提高市场占有率，并把更多品牌推向全球。这些品牌的广告活动将源自跨国广告公司的总部,但会做适当调整,以尊重不同市场的本土文化。

12)直接反应广告将不再是一个单独的广告门类,而将融入综合广告公司。

13)广告业将找到以更合理的费用制作有效的电视广告的方法。

# 参考书目

- SCIENTIFIC ADVERTISING by Claude Hopkins. Introduction by David Ogilvy. Bell Publishing, N.Y., 1923.
- TESTED ADVERTISING METHODS by John Caples. Foreword by David Ogilvy. Prentice-Hall（Canada）, 1975.
- REALITY IN ADVERTISING by Rosser Reeves. Alfred Knopf, N. Y., 1961.
- MADISON AVENUE by Martin Mayer. Harper&Row, N. Y., 1958.
- CONFESSIONS OF AN ADVERTISING MAN by David Ogilvy. Atheneum, N.Y. 1962.
- NEW ADVERTISING: TWENTY-ONE SUCCESSFUL CAMPAIGNS FROM AVIS TO VOLKSWAGEN by Robert Glatzer. Citadel Press, N. J., 1970.
- THE 100 GREATEST ADVERTISIEMENTS by Julian Watkins. Dover Publications, N.Y., 1959.
- THE ART OF WRITING ADVERTISING by Denis Higgins. Advertising Publications, 2003.
- HOW TO ADVERTISE by Kenneth Roman and Jane Maas, Foreword by David Ogilvy. St Martin's Press, N.Y., 1976.
- ADVERTISING INSIDE OUT by Philip Kleinman. W. H. Allen, London, 1977.
- SUCCESSFUL DIRECT MARKETING METHODS by Bob Stone. Crain Books, Chicago, 1979.

- OR YOUE MONEY BACK by Alvin Eicoff. Crown, N.Y., 1982.
- THE ART OF PLAIN TALK by Rudolph Flesch. Collier Macmillan, N.Y., 1962.
- WRITING THAT WORKS by Kenneth Roman and Joel Raphaelson. Harper&Row, N.Y., 1981.
- THE ELEMENTS OF STYLE by William Strunk and E. B. White. Collier Macmillan, N.Y., 1979.
- THIRTY SECONDS by Michael Arlen. Farrar, Straus & Giroux, N.Y., 1980.
- SPEECH CAN CHANGE YOU LIFE by Dorothy Sarnoff. Doubleday, N.Y., 1970.
- THE DUPING OF THE AMERICAN VOTER:DISHONESTY AND DECEPTION IN PRESIDENTIAL TELEVISION ADVERTISING by Robert Spero, Lippincott & Crowell, N.Y., 1980.
- OBVIOUS ADAMS by Robert Updegraff. Updegraff Press, Louisville, Kentucky, 2007.

图书在版编目（CIP）数据

奥格威谈广告 /（美）大卫·奥格威著；高志宏译. 
-- 北京：中信出版社，2021.5（2024.4重印）
书名原文：Ogilvy On Advertising
ISBN 978-7-5217-2696-1

Ⅰ.①奥… Ⅱ.①大… ②高… Ⅲ.①广告学–通俗读物 Ⅳ.①F713.80-49

中国版本图书馆CIP数据核字（2021）第041938号

OGILVY ON ADVERTISING by DAVID OGILVY
Copyright © 1983 BY DAVID OGILVY, DESIGN 1983 BY PRION BOOKS
This edition arranged with Welbeck Publishing Group through Big Apple Agency, Inc., Labuan, Malaysia.
Simplified Chinese translation copyright © 2021 by CITIC Press Corporation
ALL RIGHTS RESERVED

本书仅限中国大陆地区发行销售

奥格威谈广告

著　　者：[美]大卫·奥格威
译　　者：高志宏
出版发行：中信出版集团股份有限公司
　　　　　（北京市朝阳区东三环北路27号嘉铭中心　邮编 100020）
承　印　者：北京盛通印刷股份有限公司

开　　本：880×1230mm　1/32　印　　张：11.75　字　　数：320千字
版　　次：2021年5月第1版　　印　　次：2024年4月第6次印刷
京权图字：01-2020-6236
书　　号：ISBN 978-7-5217-2696-1
定　　价：88.00元

版权所有·侵权必究
如有印刷、装订问题，本公司负责调换。
服务热线：400-600-8099
投稿邮箱：author@citicpub.com